UR SERVIR A L'HISTOIRE DE LA NOBLESSE DE BERRI

II

ÉNÉALOGIE DE LA FAMILLE

ay de Bellefond

PAR LE

Vicomte Henri de MAZIÈRES-MAULÉON
DOCTEUR EN DROIT
MEMBRE DU CONSEIL HÉRALDIQUE DE FRANCE
DIRECTEUR DE LA REVUE HÉRALDIQUE

t de la *Revue du Berry*, janvier-février et avril

CHATEAUROUX
IMPRIMERIE A. MELLOTTÉE
2, RUE GUTENBERG, 2

1904

n

NOTES POUR SERVIR A L'HISTOIRE DE LA NOBLESSE DE BERRI

II

GÉNÉALOGIE DE LA FAMILLE

Lejay de Bellefond

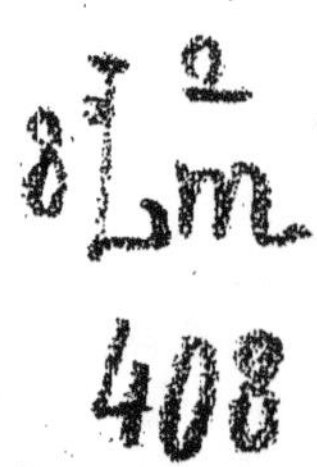

OUVRAGES DU MÊME AUTEUR

HISTOIRE

Notes pour servir à l'histoire de la noblesse de Berri. I. Les branches de Berri de la maison de Mauléon, in-8°, Paris, Picard, et Châteauroux, A. Mellottée, 1901.

Le régime municipal en Berri, des origines à 1789, in-8°, Paris, Rousseau, 2e édition, 1903.

LITTÉRATURE

Cassandre Astronome, comédie en un acte et en vers, représentée pour la première fois à l'*Athénée-Saint-Germain,* le 30 juin 1903.

Le Morceau de Sucre, vaudeville en un acte et en prose, représenté pour la première fois à l'*Athénée-Saint-Germain,* le 2 mars 1904.

L'Arc-en-Ciel, contes *(en préparation).*

Châteauroux. — Typ. et Stér. A. Mellottée.

NOTES POUR SERVIR A L'HISTOIRE DE LA NOBLESSE DE BERRI

II

GÉNÉALOGIE DE LA FAMILLE

Lejay de Bellefond

PAR LE

Vicomte Henri de MAZIÈRES-MAULÉON

DOCTEUR EN DROIT

MEMBRE DU CONSEIL HÉRALDIQUE DE FRANCE

DIRECTEUR DE LA REVUE HÉRALDIQUE

Extrait de la *Revue du Berry,* janvier-février et avril

CHATEAUROUX

IMPRIMERIE A. MELLOTTÉE

2, RUE GUTENBERG, 2

1904

Exemplaire de la Bibliothèque Nationale

ERRATA

L'auteur n'ayant pas reçu les épreuves du tirage à part des feuilles 2 et 3, prie d'excuser les incorrections suivantes :

P. 18 § III (B) ligne 9
lire : *une dîme* et non *d'une dîme.*

P. 33 § XIX (B) ligne 1
lire : CHARLES et non JEAN-MARIE-CHARLES.

P. 38 note 5 ligne 4
lire : qu'après l'impression *de la première feuille* de la présente notice et non : qu'après l'impression de la présente notice.

GÉNÉALOGIE DE LA FAMILLE

Lejay de Bellefond

SEIGNEURS DE BRETAGNE, DE BELLEFOND ET AUTRES LIEUX

Il y a eu plusieurs familles nobles portant le nom de Lejay. Outre celle qui nous occupe, j'ai relevé l'existence de sept autres familles portant des noms de terre après Lejay : de la Hammonnière, de la Bougatrière et du Castellet, respectivement en Bretagne, Maine et Provence, de Ronquerolles, en Languedoc et Artois, de la Bellinaye, encore en Bretagne, de Fleurigny en Champagne, et enfin les Lejay, marquis de Bussy, barons de Tilly, de Maisonrouge, de Montjay, de Saint-Fargeau et de Villiers-sur-Seine, seigneurs de Barbery, de Massuère, etc., divisés en près de soixante branches en Ile-de-France, Champagne, Bretagne, Orléanais, Poitou, etc. Cette famille a fourni un grand nombre de personnages distingués à l'armée, au clergé, et surtout au Parlement de Paris, dont plusieurs premiers présidents. Elle portait originairement : *d'or à trois têtes de paon d'azur,* mais les branches ont adopté de nombreuses brisures, parfois assez marquées (1).

Il nous a été impossible d'établir un point de jonction sûr entre les Lejay de Tilly et ceux de Bellefond, pourtant l'affirmation d'auteurs graves comme de Maule (2), et la présence ancienne d'une couronne comtale dans les armes de ces derniers, constituent une présomption de parenté (3).

(1) Sans compter ce président du Grand Siècle, qui changea complètement ses armoiries, et les remplaça fièrement par un aigle regardant le soleil.

(2) *Armorial du Vendômois*, p. 25.

(3) *Archives de Vilvassol*, K 6.

En dehors des familles, existantes ou éteintes, portant Lejay correctement orthographié un certain nombre d'autres maisons portent ce nom autrement écrit, j'en ai compté dix-sept, n'ayant entre elles aucun lien de parenté, je me contenterai ici de citer les Jay, seigneurs de Monthonneau et de Boisséguin, en Angoumois, Poitou et Touraine, que Potier de Courcy a identifié à tort avec les Lejay de Bellefond (1).

Le nom de Bellefond est beaucoup moins répandu que celui de Lejay : il n'existe que trois familles le portant : les marquis Gigault de Bellefont, en Normandie et Touraine, les Pissonnet de Bellefonds, originaires de Blésois, et portant, dans une intention facile à deviner, les mêmes armes que les Gigault, et enfin les Méric de Bellefond.

Nous ne nous occuperons ici que des Lejay, seigneurs de Bretagne et de Bellefond, connus en Berry et en Orléanais dès les premières années du XIIIe siècle, et qui sont restés jusqu'à ce jour à quelques lieues de leur berceau.

Les Lejay de Bellefond ont été seigneurs de Bellefond, *en Poitou;*

De Bretagne, du Buisson, de la Pommeraye, de Ferrière, du Puy, de Coublou, de Grillault, de Villefranche, des Ormeaux, des Caves, des Sainsons, des Bordes, de la Grandmaison, de Roy, de la Rollanderie, de Laguette, de Reussy, de Lusson et du Chastellier *en Berri;*

D'Avaray, de Lorgues, de Cambreuil, de Monçay, de Chastin, du Port David, de Saint-Ay, du Bois, de Lorry, de la Mauduetière, de la Corbillière, de la Motte, du Lyot, du Plessis, de Monterin, de Courbanton, de Grimont et de l'Espinière-au-Jay *en Orléanais;*

Des Astelais, de la Gaudesche, du Chesne et du Coudray, *au Maine.*

(1) POTIER DE COURCY, édition du P. Anselme, supplément, tome X, 2e partie, p. 548.

CHAPITRE PREMIER

CONSIDÉRATIONS PRÉLIMINAIRES

§ 1er. — *Sources.*

Jusqu'à présent cette famille n'a pour ainsi dire pas été étudiée. M. de Maransange distingue (1) à tort les Legé, seigneurs du Buisson, de Bretagne, des Ormeaux et des Sainsons et les Lejay, seigneurs de Bellefond.

J'ai été étonné que M. de Toulgoët, d'information si prudente, ait pensé (2) à propos de Michel Legé, seigneur de la Rollanderie, paroisse de Rouvres, à un échevin de Bourges du nom de Léger, dont la noblesse remonterait au XVIe siècle.

M. de Mailhol a publié (3) une notice de quelques lignes sur les Lejay de Bellefond, mais il n'a fait que résumer l'article de Saint-Allais. Cet article (4), nous en avons la preuve, a été rédigé par Joseph de Bellefond, le 15 février 1816 (5) puis communiqué au célèbre généalogiste.

Il ne comprend du reste que les éléments principaux de la maintenue des Lejay en 1716, avec la continuation de la filiation pendant un siècle.

Faisant donc abstraction des documents imprimés, j'ai eu à me préoccuper, pour établir cette étude, des matériaux manuscrits. Bien que certains aient été détruits lors de la Révolution (6), il en reste un grand nombre. M. Charles de Bellefond, chef de la famille, m'a ouvert avec la plus grande complaisance le coffret contenant ses papiers de famille. Il m'a auto-

(1) *Armorial des principales familles du Berry.* Bourges, 1901, in-4, p. 86, 92, et pl. XX.
(2) *Recherches de la noblesse en Berry,* in *Soc. Antiq. Centre* XXIV, 227, et tir. à part. Bourges, 1901, in-8, p. 141.
(3) *Dictionnaire historique et héraldique de la noblesse française.* Paris, 1897, 3 n-4, tome II, 366-7.
(4) *Nobiliaire Universel de la France*, tome VII, p. 526 seq,
(5) *Archives de Vilvassol,* K 2 à K 5.
(6) *Arch. Vilvassol,* K 5.

risé à les classer, et je les ai répartis en 15 liasses, numérotées de A à O, et formant un total de 169 pièces, la plupart sur parchemin. J'ai numéroté les pièces dans chaque série, et j'en ai dressé un inventaire, je les citerai plus loin sous le nom de : Archives de Vilvassol.

Ces papiers comprennent : 1° les titres de la branche aînée, pour les actes modernes, et, en partie, pour les anciens ; 2° les titres de la branche du Buisson (séries A, B et E en partie, série J). Les titres du rameau des Sainsons manquent. L'acte le plus important des archives de Vilvassol est la maintenue de noblesse du 21 novembre 1716, prononcé par Monseigneur Foullé, marquis de Martangis, intendant de Berri, après désistement du commissaire du roi, et attestation de Gougnon, en faveur de Charles Lejay, écuyer, seigneur des Sainsons, et Louis Lejay, écuyer, seigneur du Buisson et de Bretagne. La Bibliothèque nationale possède le brouillon de ce jugement de maintenue (1). L'expédition qui en subsiste est l'exemplaire de Louis Lejay du Buisson (2). Je n'ai indiqué en note, dans la suite de cette étude, ni le brouillon, ni l'expédition de ce jugement, d'autant plus que les actes qu'ils mentionnent portent généralement en eux-mêmes leurs références.

Lorsque j'indique simplement *Dossiers Bleus*, telle pièce, je fais allusion au dossier 10.456, contenu dans le tome 388, et qui contient un assez grand nombre de renseignements.

Je dois remercier parmi les personnes qui m'ont facilité ma tâche, outre M. Charles de Bellefond, que je me plais à renommer, Mlle Laurence de Bellefond, M. Eugène Hubert, archiviste de l'Indre, M. Cuissard, bibliothécaire de la ville d'Orléans, M. Trouillard, archiviste de Loir-et-Cher, mon confrère Paul Watrin, M. Tausserat et les bibliothécaires et archivistes de la Bibliothèque et des Archives nationales.

§ 2. — *Nom et étymologie.*

Une ancienne tradition rapportait que les Lejay tiraient

(1) *Msfr.* 32.272, f° 152.
(2) *Arch. Vilvassol*, A 1.

leur origine de la Sicile (1), mais l'acte le plus ancien que nous possédions ne l'établit pas. C'est une donation de 1207, en langue latine, où le donateur est mentionné sous le nom de *de Ligeri* (2). Est-ce à dire que le pieux chevalier qui la souscrivit était originaire de la Loire, je ne sais, toujours est-il qu'en 1228, 1231, 1238, nous voyons les graphies *Leger* et *Liger* (3), et ce n'est que quelques années après que nous voyons apparaître les orthographes *Le Gay* et *Lejay*, cette dernière, la plus fréquente est devenue la graphie régulière, mais il ne faudrait pas en conclure avec Joseph II de Bellefond, qu'elle est la seule bonne (4).

Une orthographe assez fréquente, est *Legé* (le second e seul accentué) ; nous la trouvons dès 1386, et elle était encore courante au milieu du XVIIIe siècle, et même à titre exceptionnel sous la Révolution et au début du XIXe siècle (5). Quant à *Le Jeay* et *Le Geay*, ce sont des graphies fantaisistes, et l'e postiche, qui les décore, n'a été introduit que pour favoriser un rapprochement avec une étymologie facile.

Le sens de Bellefond est simple à deviner : *Bella fons*, en basse latinité, désigne une belle fontaine. Une des familles homonymes, auxquelles j'ai fait allusion plus haut, termine leur nom par un *s* parasite, Bellefonds, qui est absolument illogique.

Sous la Révolution la particule fut généralement supprimée, ici, comme presque partout. Par exemple le brevet de retraite du colonel François Lejay de Bellefond porte François Bellefond (an II), Plus tard nous voyons sa sœur Marie-Anne dénommée Legé-Debellefond. Mais ce ne furent là que des orthographes passagères.

§ 3. — *Seigneurie de Bretagne.*

Bretagne, *Britonnia*, est la plus importante seigneurie possédée par les Lejay de Bellefond. Les Bretons vinrent en

(1) *Arch. Vilvassol*, K o.
(2) *Arch. du l'Indre, Invent. du Landais*, p. 333.
(3) *Idem*, p. 415 et 37.
(4) *Arch. Vilvassol*, A 3.
(5) *Idem*, A 1, F 5 et 10, etc., *Arch. Indre, invent.* cité, p. 61-3 ; etc.

Berri en 468, avec les Wisigoths, pour piller le pays des Bituriges. Ils aidèrent aussi Philippe-Auguste à conquérir sur les Anglais, les populations riveraines de la Loire. De là les traces onomastiques de leur passage, dont Bretagne (1).

Bretagne forme une paroisse dont le curé était naguère à la nomination de l'abbé de Déols (2).

La seigneurie comprenait la dîme et la seigneurie proprement dite. La mouvance de la dîme donna lieu à de longues contestations entre les seigneurs de Châteauroux et de Levroux; une sentence provisoire du 13 septembre 1532, déboutant la comtesse de Fiesque, dame de Levroux, autorisait Antoine Guérin, seigneur de la Dîme de Bretagne et de la Beauce, à rendre hommage au sire de la Tour-Landry, seigneur de Châteauroux. Une sentence définitive fut rendue le 19 décembre 1583 (3).

La Dîme de Bretagne était depuis un siècle entre les mains des Guérin, puisqu'en 1453, le 24 septembre, transaction fut passée entre Philibert Bauchet, écuyer et Olivier Guérin, aussi écuyer, au sujet de la vente de la dîme par le premier au second. Le 8 novembre 1494 fut signé le partage entre Jean, Antoine et François Guérin, enfants d'Olivier, seigneur des Colombiers et de la Dîme de Bretagne, et de Marguerite de la Grange (4).

La seigneurie proprement dite, ou justice de Bretagne, relevait en premier lieu de Bouges, puis de Levroux au XVIe et XVIIe siècle, et enfin de Bouges en fief et de Levroux en arrière-fief (5). Les notaires de Levroux eurent toujours droit d'instrumenter sur Bretagne, concurremment avec les notaires de Bouges, ainsi que l'établit la formule ci-dessous, qui commençait tous leurs actes: « A tous ceux que ces présentes lettres verront, le garde du scel estably aux contracts de La Chastelleine de Levroux, Bouges, Bretaigne, Liniers, la Champenoise, et aultres terres et seigneuries qui en dépendent, salut. Sçavoir faisons que... »

Le premier Lejay qui fut seigneur de Bretagne et dont nous

(1) MALLARD, *Histoire de Saint-Amand*, 65 et note.
(2) FAUCONNEAU-DUFRESNE, *Histoire de Châteauroux*, I, 113.
(3) et (4) *Arch. Indre, Inventaire* de la série A, p. 29.
(5) *Arch. nationales*, P 1034, 29; *Arch. Indre*, A, *Invent.* p. 141, 212, 271.

avons le nom est François II Lejay, écuyer, qui vivait en 1576 (1). La terre sortit de la famille au milieu du XVIIIe siècle.

Nous n'avons pas d'aveu détaillé de Bretagne, ce qui ne nous permet pas d'établir le plan du château et les droits des seigneurs. Tout ce que nous savons c'est qu'ils possédaient droit de haute justice. Quant à leur logis, il était indiqué en 1595 par ces mots « le lieu seigneurial, manoir et mestairie (2) de Bretagne, ses appartenances et dépendances ».

Il y a encore une vingtaine d'années le château de Bretagne montrait ses murailles, imposantes et ruinées, et l'on y distinguait très nettement les armes des Lejay, qui le possédèrent si longtemps ; mais les gens du pays se servirent un peu trop du lieu comme d'une carrière, et les restes branlants, devenus dangereux, durent être abattus. Aujourd'hui, inculte et triste, le long de la route de Vatan, à côté de la ferme qui reste debout ainsi qu'un petit pan de murailles, l'emplacement de l'ancien château n'est plus qu'un champ de cailloux.

§ 4. — *Autres Seigneuries.*

COUBLOU. Cette seigneurie, située paroisse de Vic-sur-Nahon, était autrefois importante, puisqu'on y trouve encore un notaire en 1668. Elle appartint originairement aux Museau, puis aux Lejay comme nous le verrons plus loin. Après une longue lacune de l'histoire nous la retrouvons aux mains de Louis de Mareuil, chevalier, seigneur de la Quesnière et de Coublou (contrat passé à Valençay en 1594) (3), puis de René Bertrand, des seigneurs du Lys-Saint-Georges et de Boisrenaud, en 1675, puis de Chrétien George d'Entraigues, seigneur d'Entraigues, Coublou, La Quesnière et Boisrenaud, conseiller au Parlement de Paris (1715-1729).

Le fief relevait de Saint-Aignan. Le château avait la forme d'un rectangle, avec une toiture en pointe très aiguë reposant sur deux pignons et une tourelle carrée en avant (4).

(1) *Arch. Indre*, A, *Invent.*, p. 70.
(2) *Id.* 141 ; *Arch. nationales*, P 1034, 29 ; *Arch. Vilvassol*, B 1 et 2.
(3) *Nouveau d'Hozier*, 193, doss. Jarnage.
(4) BEAULIEUX, *Notice sur la commune de Vicq-sur-Nahon*, p. 119-124 et 160.

Les Bordes, ancienne maison seigneuriale et petit village, sis commune de Sougé, appartenaient à Guillaume Guénand (1), de la puissante famille des seigneurs du Blanc, en 1258 (2). Claude de Rachepelle en était seigneur en 1651; Pierre de Rachepelle, écuyer, seigneur des Bordes, mort avant 1721, avait une fille, Anne, qui épousa Jean VI Lejay de Bellefond, et fit ainsi entrer cette terre dans la famille (3). Cassini représente les Bordes comme un château important.

La Borde, ancienne seigneurie, commune de Saint-Pierre-de-Lamps, appartenait en 1622 à l'abbaye du Landais qui l'afferma alors à Florent de Rachepelle. En 1629 et 1631, le Landais n'en possédait plus que la moitié, l'autre appartenant à Louis de Chollé, écuyer, seigneur de la Bougodière. En 1650, la part de ce dernier était à Vincent Brunet. Louis de Rachepelle, écuyer, seigneur de la Borde, était mort avant 1721; ses biens passèrent à sa fille Suzanne, qui ne mourut qu'en 1735, puis à son frère Charles de Rachepelle, à la suite d'un échange, puis enfin à sa nièce Anne de Rachepelle, mariée à Jean VI Lejay de Bellefond (4).

Bellefond. Cette terre est située en Poitou, elle appartenait à la famille de Lanet. Magdeleine de Lanet y avait sans doute certains droits latents lorsqu'elle épousa Louis Guyot d'Asnières, écuyer, seigneur de la Pérelle, vers 1660 ou 1670. Ces droits subsistaient lorsque Pierre Lejay, écuyer, seigneur de Bretagne, épousa Marie Guyot d'Asnières, fille des précédents, le 5 novembre 1690. Toujours est-il que Jean-Baptiste Lejay, fils de Pierre et de Marie Guyot, en hérita, et devint le premier seigneur de Bellefond de la maison des Lejay (5).

La Grandmaison, maison seigneuriale, commune et tout près le bourg de Saint-Pierre-de-Lamps, Charles de Rachepelle, écuyer, en fut seigneur de 1721 à 1735. A la mort de sa

(1) Touraine et Berry : *D'or à trois fusées et deux demies de gueules, rangées en fasce.*

(2) *Arch. Indre, Invent. Landais*, 101.

(3) *Arch. Vilvassol*, C 1 et D 1.

(4) *Arch. Indre, Invent. Landais*, 372, 536, 373, 271; *Arch. Vilvassol*, D 1-2-3, E 2.

(5) V. *Ann. nobl.*, 1863, 239 seq.

nièce Suzanne, en 1735, elle passa à sa nièce Anne, ci-dessus citée, mariée à Jean VI de Bellefond (1).

Une des pièces du rez-de-chaussée de la Grandmaison conserve encore, encastré au-dessus de la cheminée, un portrait ancien, du début du XVIIIe siècle, que nous n'avons pu identifier de façon absolue, et qui est peut-être celui de Charles de Rachepelle, dernier seigneur de la Grandmaison de la famille de Rachepelle et oncle de Jean VI Lejay de Bellefond, premier seigneur de la Grandmaison de la famille qui possède encore cette terre.

LE LYOT, sur le Cher, commune de Langon, canton de Menetou, en Blaisois, appartenait en 1403 à Jean III Lejay, écuyer, puis à François Lejay, écuyer, son neveu, puis, en 1473, à Jean IV Lejay, écuyer, fils du précédent. Le 28 mai 1519, aveu et dénombrement du Lyot fut rendu par Charlotte d'Argouges, veuve de Philippe du Moulin, chevalier, chambellan du roi; la terre comprenait principalement manoir, garenne, bois, moulins, le péage de Villefranche, et des droits variés. La terre était en 1571, à Jacques d'Estampes, chevalier de l'ordre du roi, de la famille d'Estampes-Valençay; en 1633 à messire Brûlart de Sillery, secrétaire d'État, à cause de dame Charlotte d'Estampes son épouse; en 1685, à Charles d'Estampes, marquis de Maulny, et en 1775 au marquis François d'Estampes (2).

LE BUISSON. Ce fief, sis commune de Saint-Florentin de Vatan, relevait des seigneurs de Vatan. M. de Jeufosse, seigneur du Buisson, ayant été arrêté à propos de saunage, Vincent du Puy, seigneur de Vatan, son suzerain, protesta contre cette arrestation, et, raison ne lui étant pas donnée, il se souleva avec tous ses vassaux, quatre-vingts seigneurs, contre l'autorité royale, le 2 octobre 1611. Pour le soumettre et s'emparer de Vatan il fallut envoyer le maréchal de La Chastre et le comte de Cheverny, gouverneurs du Berri et du Blaisois, avec 1200 hommes d'infanterie, une compagnie de

(1) *Arch. Vilvassol*, D 1 et 3.

(2) *Arch. Loir-et-Cher* E 350. — GUIGNARD DE BUTTEVILLE, *Titres de Romorantin*, in *Annuaire cons. hérald*, 1900, p. 179 seq. — LE MÊME, *Essai d'armorial blésois*, in même *Annuaire*, 1901, p. 305.

suisses, et six canons. Certains auteurs parlent même de deux compagnies de chevau-légers. Après un long siège Vatan ouvrit ses portes, puis le pont-levis du château fut abaissé, 14 décembre (1).

En 1612, Luc de Jeufosse, écuyer, seigneur du Buisson, rendit hommage au seigneur de Vatan du fief du Buisson, comprenant maison seigneuriale, colombier, granges, etc., garennes, champs et autres terres, et des fiefs de Laguette, de Boischapeau, des Orgeries, de Boisdemaine (Bois de Mesne) et de Lusson (2).

Le 26 septembre 1667 nous trouvons mention de Jeanne de Senneville, veuve de Louis de Jeufosse, écuyer, seigneur de Saint-Florentin et du Buisson (3). Le 25 octobre 1684 le Buisson, et les autres fiefs ci-dessus cités, à l'exception du Bois de Mesne, appartenaient à la demoiselle de Bautreau, qui devait au marquisat de Vatan deux sols, trois chapons, un septier et 12 boisseaux de froment pour droits divers (4).

En 1696 Charles de Françoys (5), écuyer, seigneur du Buisson (6), de Beauvais (7) et de Vilenne était marié à Anne-Angélique de Thiville. Nous ignorons si le Buisson était dans les propres de l'un ou de l'autre des époux. Toujours est-il qu'Anne-Angélique, devenue veuve, épousa Louis Lejay de Bretagne, écuyer, seigneur de Roy et de Bretagne, qui devint ainsi seigneur du Buisson, de Laguette et de Lusson (21 avril 1708). Cette union resta sans enfant, et le mari hérita de sa femme. Il se remaria (contrat à Valençay, 13 novembre 1710, Fr. Ledoux, not.) à Marguerite de Baillou. Il était mort avant le 14 juillet 1744, date où Marguerite-Ursule Lejay du Buisson, sa fille, épousa Louis IV de Mazières, chevalier, sei-

(1) Dupleix, *Hist. de Louis XIII*, p. 30. — Mathieu, *Hist. de Louis XIII*, p. 25. — *Mém. de Pontchartrain*, édit. Michaud, p. 318. — Raynal, *Hist. du Berry*, IV, p. 241 seq. — De la Tremblais, de la Villegille et de Vorys, *Esquisses pittoresques sur le département de l'Indre*. Châteauroux, 2e édit., 1884, 54 seq.

(2) *Arch. nationales*. Q[1] 497, Aveux de Vatan, fos XXVI et XXIX-XXXI.

(3) *Toulgoët*, op. cité, p. 169, et tir. à part, p. 83.

(4) *Arch. Nat.*, Q[1] 497, Aveu de Vatan en 1684.

(5) Fascé...

(6) *Bibl. Nat.*, *Armorial manuscrit dressé en vertu de l'ordonnance de* 1696, tome V.

(7) *Beauvais*, près de Châteaudun (*Dossiers bleus*, 7).

gneur de Chambon, de Balzesme, des Varennes et de Villeneuve, et, depuis lors, seigneur du Buisson, de Laguette et de Lusson. Marguerite-Ursule Lejay du Buisson mourut à Balzesme, le 8 avril 1787, et ces trois dernières seigneuries passèrent alors à son fils aîné Louis V de Mazières, comte de Mauléon de Mazières depuis 1782. Louis VI, fils unique de Louis V, vendit le Buisson au début du XIXe siècle (1).

Du château du Buisson, outre des bâtiments sans intérêt archéologique et des jardins, il reste une grosse tour, dite du Colombier, qui remonte au XIIIe siècle, et a été restaurée en 1646.

VILVASSOL. — Vilvassol n'a pas été possédé en tant que seigneurie par la famille Lejay de Bellefond, mais il est la propriété de son chef actuel, et c'est là que sont déposées les archives de la famille, que j'ai eu et que j'aurai l'occasion de citer.

Vilvassol (les cartes portent généralement Villevasseau) vient de Villa Vassalis, le village-vassal et l'histoire démontre que Vilvassol a toujours dépendu du comté de Buzançais. En 1609 le fief de *Villevasson*, paroisse d'Habilly, appartenait par moitié, et à titre de franc-fief ou fief tenu en roture à Hilaire Ratier, marchand à Buzançais, au nom des hoirs de feu Honoré Ratier l'aîné. L'autre moitié était à Bernard Pourdault, sieur de la Raluère (2).

§ 5. — *Armoiries.*

ÉCU. — Les Lejay de Bellefond portent : *de sinople aux trois fasces d'or, et au lambel de même en chef* (3). Mais, comme dans toutes les anciennes familles ces armes ont été sujettes à des variations.

(1) *Arch. de Vilvassol*, J 3 ; *Dossiers bleus*, p. 5. — H. DE MAZIÈRES, *Les branches du Berri de la maison de Mauléon*, p. 22-3 et 40-0.

(2) *Arch. Nat.*, P. 77.325.

(3) *Arch. Vilvassol*, K 1 et 10. — Vte DE MAGNY, *La science du Blason*, p. 235. — SAINT-ALLAIS, art. cité. — BACHELIN-DEFLORENNE, *Etat présent de la noblesse*, 5e éd., 1887, col. 1381. — MARANSANGE, *op. cit.*, p. 86 et pl. XX. — MAILHOL, *op. cit.*, II, p. 366.

Le sceau le plus ancien que nous avons pu retrouver est celui de Huet Lejay, seigneur de Coublou en 1377.

Il est conservé à la Bibliothèque Nationale, dans la collection des Pièces originales (1). Ainsi que sur tous les monuments de cette époque les émaux ne sont pas figurés, mais nous n'avons aucune raison de les supposer différents des émaux actuels. Quant au dessin de l'écu, il n'est pas absolument identique au dessin d'aujourd'hui, les armes de 1377 pourraient se lire ainsi :

De sinople à 3 fasces d'or, accompagnées de 2 annelets en chef, et d'un 3ᵉ brochant sur la fasce de pointe, tous d'or.

L'adoption d'un lambel à trois pendants paraît à la fois une simplication et une allusion aux armes primitives, et il serait du reste difficile d'expliquer autrement la présence d'un lambel dans des armoiries pleines.

Au XVIIIᵉ siècle, selon un cachet qui a été gravé alors et la mention des armes dans l'inventaire de maintenue de 1714, le lambel est remplacé par un chef emmanché ; mais cette modification a été due à une erreur de lecture : Joseph II de Bellefond prit il y a un siècle une consultation auprès des sommités héraldiques d'alors, avant de faire graver son cachet personnel ; elles conclurent à l'adoption d'un lambel. Et le sceau de Huet Lejay vient là pour confirmer la non-existence d'un chef emmanché, qui aurait été pourtant bien dans l'ancien style (2).

Les Dossiers bleus parlent d'un fascé et d'un chef emmanché, mais ce sont là des renseignements postérieurs à la maintenue, et qui répètent l'erreur de lecture que nous avons mentionnée en l'aggravant (3).

Il me reste à dire un mot des armes qui ont été attribuées à la famille Lejay de Bellefond par plusieurs héraldistes, et qui n'ont pas de rapport avec leurs armes réelles.

M. de Toulgoët leur attribue ainsi : *taillé d'or et de sable*

(1) *Pièces orig.*, tome 1575, doss., 36.174, p. 6.
(2) *Arch. Vilvassol* A 1, K 1 et 10.
(3) *Dossiers bleus*, p. 2 et 7.

à l'aigle de l'un en l'autre (1). M. de Maule (2), et, à sa suite, Bachelin-Deflorenne (3), blasonnent *d'or à trois geais de sable et au chef d'azur*, ce sont là les armes d'une des branches des Lejay, marquis de Bussy, barons de Tilly et de Maisonrouge, elles ne furent pas portées par les Lejay de Bellefond, mais il n'est pas impossible qu'ils y aient eu droit.

COURONNE. — Et cela expliquerait même la couronne comtale qui figure depuis plus de deux cents ans au-dessus de leurs armoiries propres. Elle est mentionnée dans le jugement de maintenue, elle existe sur le cachet alors gravé, et sur celui de Joseph II de Bellefond ; Saint-Allais en constate l'existence, et Mailhol l'enregistre à sa suite. Les pistolets du colonel François de Bellefond la portent également. Cela ne permet-il pas de supposer que Charles Lejay des Sainsons et Louis Lejay du Buisson, les premiers qui aient historiquement porté cette couronne, étaient reconnus alors, d'après des titres aujourd'hui perdus, comme d'une branche cadette depuis longtemps séparée de celle où Henry Lejay, baron de Tauvrant, conseiller du roi en ses conseils, était titré marquis de Bussy dès 1665 (4) ?

SUPPORTS. — L'écu des Lejay de Bellefond est soutenu par deux lions. Tantôt ces lions sont posés normalement (d'après Saint-Allais et Mailhol) ; tantôt ils ont la tête contournée (cachet de Joseph II, pistolets du colonel) ; tantôt l'un des lions est en arrêt, à dextre, l'arrière caché derrière l'écu, tandis que l'autre lion se repose à sénestre, couché au bas de l'écu et regardant en face (cachet du XVIIIe siècle). Ce sont là des variantes autour d'un même motif, et l'on sait qu'il n'y a pas de fixité héraldique pour les supports (5).

(1) *Op. cité*, p. 141.
(2) *Armorial du Vendômois*, p. 25.
(3) Edition de 1887, col. 1381.
(4) *Bibl. Nat.*, *Pièces orig.*, 1683, d. 39.161, p. 27. — *Arch. Vilvassol*, A 1 et K 1. — SAINT-ALLAIS, *art. cité*. — MAILHOL, II, 366.
(5) *Arch. Vilvassol*, A 1 et K 1. — SAINT-ALLAIS, *art. cité*. — MAILHOL, *op. cité*.

CHAPITRE II

NOMS ISOLÉS

§ 1er. — *Noms antérieurs à toute filiation suivie.*

Les premiers membres de cette famille ne sont pas connus, mais elle existait très anciennement, puisqu'à la fin du douzième siècle, un membre de cette famille était marié à une femme appartenant aux lignages chevaleresques des Arechachons et des Museaux, qui remontent aux origines de la féodalité (1).

PIERRE Ier LEJAY, chevalier, seigneur de la Pommeraye, donna en 1207 aux abbé et couvent du Landais la 8e partie de son bois de la Pommeraye, se réservant la partie desdits bois qui lui était arrivée par sa mère (laquelle était de la race des Arechachons et des Museaux), se réservant aussi les coutumes de ses hommes, et rendant ladite 8e partie franche et libre de tout devoir. Il léguait en outre au Landais neuf sols (2) de rentes, à la charge par les moines de célébrer tous les ans son anniversaire après sa mort. L'abbaye devait en outre conserver le bois en bois, ou, si elle transformait en labourage, elle serait redevable vis-à-vis dudit Pierre, on de ses héritiers, d'une rente de 9 sols, ou de 4 septiers de blé à son option (3).

MATHIEU LEJAY, chevalier, seigneur de Ferrière et du Puy, avait épousé Béatrix, dont on ignore le nom de famille, c'est sans doute elle qui lui apporta Ferrière. En 1228 Béatrix, du consentement de son mari, donne au Landais six septiers de froment de cens sur la métairie de Ferrière (4). En 1231 est cité le Puy, et une métairie que Mathieu avait à proximité ; en effet nous trouvons une convention entre Thibault, abbé de

(1) *Arch. de l'Indre, Invent. des titres de l'abbaye du Landais*, p. 333.

(2) Il est bien entendu que nous mentionnerons toujours les monnaies d'autrefois ; la matière, la valeur absolue et la valeur relative différaient considérablement des monnaies actuelles.

(3) *Arch. Indre, Invent. du Landais*, p. 333.

(4) *Arch. Indre, même invent.*, p. 415.

de Saint-Gildas, Yves, abbé du Landais, et Mathieu, jadis abbé de Miseray qui laisse au Landais 4 arpents de vigne au Clauseau, près de la Léproserie de Villedieu, devers Chambon, et 3 arpents de prés près le Puy et la métairie citée (1) ; et Nicolas, abbé de Meillevé, confirme ladite convention et cite également Mathieu Lejay (2). Enfin en 1238, Béatrix, femme dudit Mathieu, cède au Landais une rente de 4 boisseaux de froment et d'orge qu'elle avait sur Grangeneuve, terre appartenant audit Landais (3).

PIERRE II LEJAY, chevalier, cité dans une charte de l'abbaye de Bourg-Moyen, près Cheverny, en novembre 1255 (4).

N. LEJAY, châtelain de Blois, en l'an 1300 (5).

§ 2. — *Noms contemporains de la filiation suivie* (6).

La plupart de ces noms seraient faciles à rattacher à la filiation suivie, en se servant du système de la concordance des temps, mais nous n'avons pas voulu leur attribuer des pères sans être sûrs du degré exact de parenté.

A ce propos nous pouvons dire un mot d'un hôtel que les seigneurs de la famille Lejay possédèrent à Vierzon ; en 1380 Jeanne du Jardin dit que cet hôtel avait été au frère de Guillaume Lejay, mais le Guillaume dont il s'agit a eu plusieurs frères : Jean, Huet, Raymond-Pierre, et Burgaut, nous ne pouvons préciser auquel il appartint.

SIMON LEJAY, écuyer de Philippe de la Chastre, le 7 août 1383.

NICOLAS LEJAY, prieur de Lury, le 10 avril 1412, date où il assistait à une cérémonie avec Pierre Lejay, écuyer, cité plus loin, et qui devait être son proche parent (7).

(1) *et* (2) *Arch. Indre, Invent. du Landais*, p. 37.
(3) *Arch. Indre, même invent.*, p. 483.
(4) *Cartulaire de Bourg-Moyen*, f° 224, cité in DOM VILLEVIEILLE, f. fr. 31951.
(5) GUIGNARD DE BUTTEVILLE, *Essai d'armorial trésors*, d'un *Annuaire du Conseil héraldique de France*, 01, p. 304-5.
(6) Les noms de paragraphes, sauf le dernier, m'ont été aimablement communiqués par M. Tausserat, qui a constitué les belles *Archives de Chevilly* que j'aurai encore occasion de citer.
(7) TAUSSERAT, *Vierzon et ses environs*, 166. — V. plus loin.

GARSONNET LEJAY, fils de Pérette des Barres, échangea avec sa mère la Métairie-au-Jay contre des rentes et une vigne à Vierzon, avant le 11 mai 1425 (1).

PHILIPPON LEJAY, épousa Marie Lambert qui, veuve, vendit des biens à Guillaume Boisouray (Petit, not. Vierzon; 29 juillet 1560).

CLAUDE LEJAY, et CATHERINE sa sœur. Le premier fit un délaissement à la seconde le 11 février 1561.

ETIENNE LEJAY, seigneur de Reussy, près Mehun, acheta des terres situées sur le chemin de Reussy à l'abbaye de Beauvoir, à Me Antoine Mutault, conseiller du roi, lieutenant particulier au bailliage de Mehun, 22 août 1657 (2).

MARGUERITE LEJAY, assiste comme cousine de la future au mariage de Jean V Lejay, écuyer, seigneur de Bretagne et des Sainsons, avec Jeanne de Patoufleau, 1666 (3).

CHAPITRE III

BRANCHE AINÉE

I

MOREAU LEJAY, écuyer, seigneur de Villefranche-sur-Cher. Nous ignorons son prénom véritable, Moreau n'étant qu'un surnom, *morellus*, le noir; il avait sans doute été ainsi nommé parce qu'il avait été basané par des expéditions lointaines. En 1320 il figure parmi les vassaux de Jean, vicomte de Thouars, sire de Talmond, seigneur de Menetou-sur-Cher et de la Ferté-Gilbert, pour raisons des enfants mineurs nés dudit Jean et de feue Blanche de Brabant, vicomtesse de Thouars et dame desdits autres lieux.

Il avait épousé Isabeau de Crevant (4), ainsi qu'il appert

(1) TAUSSERAT, *Id.* 483, n. 7.

(2) Minutes de Poussard, notaire à Mehun.

(3) *Dossiers Bleus*, 3.

(4) Berri et Touraine : *Écartelé d'argent et d'azur.* Famille très ancienne, aujourd'hui éteinte, et dont une branche a fourni Louis IV de Crevant, duc d'Humières, maréchal de France et grand maître de l'artillerie.

par l'aveu que ladite, alors veuve, rendit en 1344 au comte de Blois, à côté de la terre de Villefranche. Elle était sœur d'Archambaud Ier de Crevant, chevalier, seigneur de Bauché, près Vendœuvres, mort en 1339, et dont une fille, Marguerite de Crevant, avait épousé, par contrat du 7 septembre 1322, Estevant Museau, écuyer, seigneur de Coublou, d'une famille plusieurs fois apparentée aux Lejay (1).

Il fut père de :

1) 1° *Jehan*, dont l'article suit ;

2) 2° *N.*, fille, épousa son cousin Jean Museau, chevalier, seigneur de Coublou, vers 1345.

II

JEAN Ier LEJAY, écuyer ; il était possessionné à Saint-Pierre-de-Lamps en 1352, année où Estienne Toreau et sa femme vendirent au Landais un quartier de pré sis au Grand-Pré de Saint-Pierre, joignant les prés de Jean Lejay (2).

Il avait épousé, vers 1335, Isabeau de Prunelé (3), fille de Guillaume IV de Prunelé (4) et en eut :

3) 1° *Jehan*, qui suit ;

3) 2° *Huet*, dont l'article suit celui de son frère ;

3) 3° *Guillaume*, tige de la branche des seigneurs d'Avaray, rapportée ci-après au chapitre VIII ;

3) 4° *Péronnelle*, prieure de Notre-Dame *de Monte*, ainsi qu'elle se qualifie sur les six reçus que nous avons d'elle et qui s'espacent entre le 4 août 1371 et le lundi d'après la Saint-Urbain 1383. Ce dernier reçu porte le sceau du prieuré : dans une niche gothique une Notre-Dame reine, portant l'Enfant-Jésus (5) ;

3) 5° *Raymond-Pierre* tige du rameau de Lorry, et Monçay qui sera rapporté ci-après, chapitre VII ;

3) 6° *Burgaut*, cité en 1253 (6).

(1) Article rédigé d'après P. ANSELME, *op. cité*, tome V, p. 762 ; *Arch. de Chevilly*.
(2) *Arch. Indre*, *Invent. du Landais*, p. 341.
(3) Orléanais : *De gueules à six annelets d'or*, 3, 2, 1.
(4) ABBÉ BERNOIS, *Recherches sur Autruy*, p. 27. — *Bibl. Orléans*, Mss du chanoine Hubert, I, 238, VIII, 177.
(5) *Bibl. Nat.*, *Pièces originales*, tome 1575, cl. 36174, p. 3, 8, 10, 11, 13 et 14.
(6) *Bibl. d'Orléans*, Mss du chanoine Hubert, VIII, 177.

III (A)

JEAN II LEJAY, écuyer, seigneur de Coublou. En 1367 il était écuyer dans la compagnie de messire Jean le Meingre de Boucicaut, maréchal de France, d'après une revue passée le 6 février, il montait alors un cheval chauve, et avait 30 livres de gages. En 1385, nous le trouvons encore mentionné comme écuyer. Par testament en date de 1386 Jean Museau, chevalier seigneur de Coublou, son oncle, donna au Landais la propriété de vignes, terres et prés, d'une maison à Buzançais, et d'un jardin au même lieu, à la charge de certaines messes, et de sa sépulture dans l'abbaye. Neveu et héritier, Jean Lejay, à l'ouverture de la succession, en 1387, protesta, mais il n'alla pas jusqu'au bout, et, par transaction de juin 1387 il laissa les religieux jouir paisiblement de toutes les choses à eux données, moyennant l'observance des charges testamentaires (1).

III (B)

HUET LEJAY, écuyer, seigneur de Coublou et de l'Espinière-au-Jay (2). En 1372 il acheta un pré joignant cette deuxième seigneurie, à Jeanne Fouchier. On conserve à la Bibliothèque Nationale six reçus d'une rente de méteil qu'il toucha du comte de Blois, notamment de 1375 à 1379. L'un d'eux, de 1377, est encore revêtu de son sceau, parfaitement conservé, et que nous avons étudié plus haut (§ *Armoiries*). En 1380 il tient en arrière-fief de Macé Aguilon, seigneur de Charnay, d'une dîme de vin assise en la paroisse de Méry. En 1387 il fut héritier protestataire de son oncle Jean Museau, chevalier, seigneur de Coublou, comme son frère Jean II

(1) *Arch. Indre, Invent. du Landais*, p. 61, 62, 63 et 64. — *Arch. du duché de Saint-Aignan*, d'après DOM VILLEVIEILLE, fr. 31931. — *Revue du Centre*, 1891, p. 108. — BERNIER, *Histoire de Blois*. Paris, 1682, in-4°, p. 628. — GUIGNARD DE BUTTEVILLE, Essai cité, in *Ann. Cons. hérald.* 1901, p. 304. — BEAULIEUX, *Notice géographique et historique sur Vic-sur-Nahon*, tir. à part, Châteauroux, 1893.

(2) L'Espinière-au-Jay, paroisse de Villefranche-sur-Cher.

Lejay, mais il transigea également, et par le même acte. En 1405, il vendit avec sa femme à Guillaume de Ruilly, chanoine de Bourges, la dîme de vin sise à Méry (V. plus haut) et le terrage que lui et sa femme possédaient à Teillay au village de Bruère. Il épousa Jehanne, *alias* Philippe, de la Boissie, *alias* de la Broce, fille de messire Pierre, chevalier. De cette alliance sont nés (1) :

4) 1° *Jehan*, qui suit ;

4) 2° *Hugues* dont l'article suit celui de son frère ;

4) 3° *Pierre*, écuyer, demeurant à Cour-Cheverny en 1410 (2). Il assista le 10 avril 1412 à la prise de possession de la châtellenie de Lury par le chapitre St-Etienne de Bourges ;

4) 4° *Antoine*, écuyer. Il épousa *Antoinette*, dont le nom de famille est ignoré, ils étaient paroissiens de Ménétréol, et habitaient au lieu de l'Aubier, lors de la Saint-Michel 1417 (3).

IV (A)

JEAN III LEJAY, écuyer, seigneur du Lyot, fief pour lequel il rendit foi et hommage le 24 août 1403 (*vidimus* du 30 juin 1404) (4).

IV (B)

HUGUES LEJAY, chevalier, seigneur de Lorgues et de Combreuil en Sologne, épousa, entre 1410 et 1420, Marie de Mailly, fille de Gilles III de Mailly (5), seigneur d'Antheuille et d'Andinfer, et d'Isabelle d'Ancey (6).

Il eut, entre autres enfants :

5) 1° FRANÇOIS, dont l'article suit ;

(1) *Arch. Indre. Invent. du Landais*, p. 61 à 64. — *Pièces originales*, tome 1575, d. 36174, p. 2, 4, 5, 6, 9, 12. — *Arch. Loir-et-Cher*, E 350. — BEAULIEUX, *Vic-sur-Nahon, not. citée*, p. 122. — *Arch. de Chevilly. Arch. de Bonnault.*

(2) *Cartulaire de Marmoutier pour le Blésois*, p. 401. — GUIGNARD DE BUTTEVILLE, *Essai d'armorial cité*, p. 301. — TAUSSERAT, *Lury et env.* 166.

(3) *Arch. Indre, Invent. du Landais*, p. 222.

(4) *Arch. Loir-et-Cher*, E 350. — GUIGNARD DE BUTTEVILLE, *Essai d'armorial* cité, in *Ann. Cons. hérald.* 1901, p. 305. — LE MÊME, *Titres de Romorantin*, in même *Annuaire*, 1900, p. 179.

(5) Picardie : *D'or à trois maillets de sinoples.*

(6) *Dossiers Bleus*, 6. — P. ANSELME, *op. cit.*, généalogie de Mailly.

5) 2° *Pierre*, écuyer, qui épousa en 1451 Marguerite de la Héraye, fille de Pierre, écuyer, seigneur de Prélefort (1).

V

FRANÇOIS Ier LEJAY, écuyer, seigneur du Lyot, épousa à Blois, le 13 avril 1441, demoiselle Marie-Anne de Guimène (2). Il est mentionné comme seigneur du Lyot en 1462. Il était mort en 1467 (3).

Il fut père de :

6) 1° *Jean*, dont l'article suit ;

6) 2° *Giraud*, bachelier ès lois, qui donna un reçu en 1464 (4).

VI

JEAN IV LEJAY, écuyer, seigneur du Lyot. Nous avons de lui plusieurs actes concernant cette seigneurie, un bail à rente de cinq quartiers de désert au dos des Duettes, et un bail de six boisselées d'ouche, au village d'Etrechy (aujourd'hui les Tréchis) paroisse de Langon, 1473 (5). Son alliance est ignorée.

Il fut père de :

7) *Pierre*, dont l'article suit.

VII

PIERRE III LEJAY, écuyer, receveur de la seigneurie d'Argenton, en 1501 (6).

Il fut père de :

8) 1° *Abel*, dont l'article suit ;

8) 2° *Placide*, abbé de Chezal-Benoît (Cher), de 1548 à 1554 (7).

(1) *Bibl. d'Orléans*, mss du chanoine Hubert, VI, 141.
(2) Orléanais : *d'Hermine à trois annelets de...* (ancien arbre généalogique).
(3) *Arch. Vilvassol*, A 2. — SAINT-ALLAIS, VII, 526. — *Arch. Loir-et-Cher* E 350.
(4) *Bibl. nat., pièces orig.*, 1575, d 361 74, p. 15.
(5) *Arch. Loir-et-Cher*, E 350. — GUIGNARD DE BUTTEVILLE, *Essai d'armorial*, in 1901, p. 305.
(6) *Arch. Indre*, série A, invent. impr., p. 25.
(7) *Gallia Christiana*, tome II, p. 166.

VIII

ABEL LEJAY, écuyer, seigneur du Grillault, paroisse de Bouges, mari de Philippe Doulceron en 1550 et 1551. Le 14 décembre 1550 lui et sa femme donnèrent une quittance à noble Abel de la Bruère, Petit, notaire à Vierzon. En 1551 ils bénéficièrent d'un délaissement fait en leur faveur par messire Adrien de Senneville, écuyer, seigneur de Buffray, paroisse de Méry-sur-Cher (1).

Ils eurent comme fils :

9) 1° *François,* dont l'article suit ;

9) 2° *Jean,* écuyer, seigneur de Bercieux, en Blaisois. Il épousa demoiselle Magdeleine Percherat, dame de Bercieux, qui fit hommage de Bercieux, le 30 mai 1583. Cette seigneurie, qui n'était pas dans la famille en 1571, en est sortie avant 1627 (2).

IX

FRANÇOIS II LEJAY, écuyer, seigneur de Bretagne, il vendit en 1576 aux religieux de l'abbaye de Déols une rente de 10 livres par an. Son alliance est ignorée (3).

Il fut père de :

10) *Pierre,* dont l'article suit.

X

PIERRE IV LEJAY, écuyer, seigneur de Bretagne, mort un peu avant le 2 février 1595 ; il avait épousé demoiselle Marie de Rivière (4), ainsi qu'il est constaté par le contrat de son fils Esme Lejay (5).

De ce mariage sont nés :

11) 1° *Esme,* qui suit ;

(1) *Dossiers Bleus,* p. 7. — *Arch. de Chevilly.*
(2) *Titres de Romorantin,* in *Ann. Cons. hérald. France,* 1900, p. 200.
(3) *Arch. Indre,* série A, invent. impr., p. 70.
(4) Berri : *Palé d'argent et d'azur de 6 pièces, au chevron de gueules brochant.*
(5) *Arch. de Vilvassol,* A 1 et 2.

11) 2° *Jean*, fils posthume, né après le 2 février 1595, vivant encore en 1609, et mort sans postérité (1).

XI

ESME LEJAY, écuyer, seigneur de Bretagne, il fut maintenu dans sa noblesse en 1599, il vivait encore en 1651. Il se maria deux fois, ainsi qu'il est établi ci-dessous (2). La première fois, par contrat du 2 février 1595 (Bouteloup, not. à Levroux), avec demoiselle Catherine de Grasset, fille d'Antoine de Grasset (3), écuyer, seigneur de la Taizaudière et de Beaulieu et de Magdeleine Martin, ledit Esme étant assisté de sa mère, de François Carré, écuyer, seigneur de Chernay et Macé Carré, écuyer, fils du précédent, ses cousins ; ladite Catherine assistée de sa mère, de ses sœurs Marguerite et Gabrielle, de René Pottin, écuyer, seigneur de Montifault et de Jean de Piégu, écuyer, seigneur dudit lieu, son cousin (4).

Par son second mariage il s'unit à Anne Didoiniers, dont il n'eut pas d'enfants (contrat 16 mai 1634, Lasaulnière, not. Châteauroux). Elle était veuve de Louis Michau, écuyer, seigneur de la Motte, et demeurait à Sacierges. Esme était assisté à son contrat de ses enfants Jean et Magdeleine, de sa bru Marie Bonnin de Lhérault, de Jean de Crémille, écuyer, seigneur de la Roche, et de Gilbert le Vaillant, écuyer seigneur de Saint-Maur, ses cousins. Anne Didoiniers était assistée de Louise Michau, sa fille, de Guillaume Bonnin, écuyer, seigneur du Bois, son beau-frère, de Jehan d'Osseaux, écuyer, seigneur de la Roche, de Hubert Thogard, écuyer, seigneur de la Valette, de Michel Bonnin, écuyer, seigneur de Lavaux, et de Marie de Bonnafault sa femme, de René de Laval, écuyer, seigneur de la Vallière, de N. Garnier, écuyer,

(1) *Arch. de Vilvassol*, A 1 et 2.
(2) *Dossiers Bleus*, 1, 2, 7. — *Arch. Vilvassol*, A 1-2, B 1-2-3, C 1.
(3) Berri : *D'argent à un soleil d'azur* (ancien arbre généalogique).
(4) Sont en outre cités dans l'acte : demoiselle Catherine de Mareuil, dame des Fosses et de la Tartelinière (1578-92), Jean de Crémille et Françoise de Piégu son épouse (1592), Thomas de Grasset, écuyer, seigneur de la Renaudière et de Romsac, frère de la future (1595).

seigneur de Lestang, et de Pierre Bonnin, écuyer, seigneur de la Riautière.

Il eut de son premier lit :

12) 1° *François,* dont l'article suit ;

12) 2° *Jean,* tige de la branche du Buisson, rapportée au chapitre VI ;

12) 3° *Magdeleine,* mentionnée au contrat de son frère François en 1623, transigeant avec ses frères et sœur à propos de la succession de sa mère le 11 février 1638. Elle épousa N. de Laurant (1), écuyer, seigneur du Marchais (2) ;

12) 4° *Marthe,* mentionnée avec sa sœur en 1623 et 1638. Elle avait épousé, peu avant 1599 (et était alors veuve).

Jean Destaurs, écuyer, seigneur de la Billauderie (Croix) (3).

XII

FRANÇOIS III LEJAY (4), écuyer, seigneur de Bretagne et des Ormeaux ; il céda des terres à Charles Fournier de Carles de Pradines, seigneur de Romsac ; il transigea avec ses frère et sœurs pour le partage des biens de leur mère (Fritte, not. Levroux, 11 févr. 1638).

Il épousa en premières noces, par contrat du 9 mai 1623 (Sallé, not. Levroux), demoiselle Marie du Breuil (5), fille de messire Jean du Breuil, écuyer, seigneur dudit lieu et de Verdenay (Bouges), et de défunte Catherine de Piégu. Le futur était assisté de ses père et mère, frère et sœurs, de Jean d'Arsonville, écuyer, seigneur de la Crosse, son oncle, de Gabrielle de Grasset, femme dudit, de Silvain de Chauveron, écuyer, seigneur du Plessis et de Rouvres, et de Jeanne de Grasset sa femme, et de Gilbert le Vaillant, écuyer, seigneur de Saint-Maur, ses cousins.

La future était assistée de son père, de Marc, Augustin et

(1) Berri : *D'azur à 3 aiglettes d'argent, becquées et membrées de sable.*
(2) *Dossiers Bleus,* 1. — *Arch. Vilvassol,* B 3 et 4, J 1.
(3) *Dossiers Bleus,* 1 et 2. — *Arch. Vilvassol,* B 4.
(4) Son art. a été rédigé d'après : *Dossiers Bleus,* 1 et 3. — *Arch. Vilvassol,* A 2, B 4-5-6. — *Rev. du Berry,* 1903, partie hist., p. 157.
(5) Orléanais, Berri : *D'azur à la fosse d'or accompagnée de 3 merlettes du même.*

Marguerite du Breuil, ses frères et sœur, de Jean de Piégu, écuyer, seigneur dudit lieu, son oncle, d'Augustin et Georges de Mazières, écuyers, seigneurs de Chambon, de Jean de Crémille, écuyer, seigneur de la Roche, d'Adrien de Crémille, écuyer, seigneur de la Coëfferie, et de Marie de Maubruny, sa femme, de demoiselle Françoise de Piégu, de Dieudonné d'Arnac, écuyer, seigneur de Selaines et Jeanne de Crémille sa femme, de Guillemette de Bordesole, veuve de défunt François de Piégu, de Jean et Pierre de Piégu et de François de Mazières, écuyers, tous cousins.

Le 1er juin 1627 les biens de défunt Jean du Breuil furent partagés entre ses enfants : Marc, écuyer, seigneur de Lavau et de Verdenay, Marie, femme de François Lejay des Ormeaux, et Marguerite, femme de Jean Lejay de Bretagne, et en présence de plusieurs personnes citées au contrat ci-dessus : Esme Lejay de Bretagne, Jean de Piégu, Jean d'Arsonville, et, en outre, de François du Breuil, écuyer, seigneur des Granges, et de Thomas de Laurant, écuyer, seigneur de la Grange.

François III Lejay se remaria, contrat du 29 mai 1634 (Robinet, not., Châteauroux), à demoiselle Esmée de Martel, fille d'Antoine de Martel (1), écuyer, seigneur de Laleuf, et de Sylvaine de la Touche, demeurant au Bois-Blanc, paroisse de Saint-Maur. Le futur était assisté de ses père et frère, de Jean d'Arsonville, écuyer, seigneur de la Crosse, son cousin germain paternel, et de Jean de Crémille et Gilbert le Vaillant, cités à son premier contrat. La future était assistée de ses frères Jacques, prieur de Villedieu, et Hardouin, seigneur de Laleuf, de Louise de Romancourt, femme dudit Hardouin ; de Charles de Barbançon, écuyer, seigneur d'Aubigny, et d'Elise de Berthollin, épouse d'Estienne de Barbançon, écuyer, seigneur de Luant et de la Bonnerie, cousins ; de maître François Colombier, procureur du roi à Châteauroux et de maître Gabriel Bonnin, avocat au Parlement, amis.

De son premier lit il lui était né :

13) 1° *Jean*-Pierre, qui suit ;

(1) Normandie, Bretagne, Orléanais, Berri, Poitou : *D'or à trois martels de gueules.*

13) 2° *Catherine,* mariée à messire Noël de Rolland (1), écuyer, seigneur du Bois de Mesne (2).

XIII

JEAN V LEJAY (3), écuyer, seigneur de Bretagne et des Sainsons (aujourd'hui la Sansonnerie, paroisse de Sainte-Colombe). Il était mort avant le 30 janvier 1676.

Il se maria deux fois :

1° A demoiselle Marguerite de Fouquet, fille de messire François de Fouquet (4), écuyer, seigneur de Courcelles, et de demoiselle Marguerite du Puy (5) (contrat 19 janvier 1651, Poupet, not. à Châtillon).

Le futur était assisté de son père, de Jean Lejay, écuyer, seigneur des Caves son oncle, procureur de son grand'père Esme, de Noël de Rolland, écuyer, seigneur de Bois de Mesne, son beau-frère et autres, et la future de ses père et mère, de Hierosme et Pierre, ses frères, Marguerite et Françoise, ses sœurs, de Claude de Rachepelle, écuyer, seigneur des Bordes, beau-frère, Charles de Bongars, écuyer, seigneur des Forges, et Magdeleine de Bongars, cousins germains.

L'acte fut passé au lieu seigneurial de Montchéry, paroisse de Ménétréols-sous-le-Landais.

2° A une cousine de sa mère, demoiselle Jeanne de Patoufleau (6), veuve de N. de Marteau, écuyer, seigneur de Fontgoin (contrat de Buxeuil, le 28 octobre 1666, Jacques Doubleau, not.), en présence de : 1° Michel Lejay, écuyer, seigneur de la Rollanderie, son cousin germain paternel, et Pierre de Piégu, écuyer, seigneur dudit lieu, son cousin germain maternel, et de : 2° Gabrielle de Patoufleau, femme dudit seigneur de la Rollanderie, sœur de la future, et de demoiselle Mar-

(1) *De gueules au griffon volant d'or, accompagné de trois étoiles d'argent, 2 et 1.*

(2) *Arch. Vilvassol,* C 1.

(3) Sources de cet article : *Dossiers Bleus,* 3 ; *Arch. Vilvassol,* C 1.

(4) Berri : *D'argent à cinq écussons d'azur posés en croix, et à une croix d'or brochant.*

(5) Berri : *Echiqueté d'argent et d'azur.*

(6) Orléanais, Berri : *De gueules à trois étoiles d'argent.*

guerite Lejay, sa cousine maternelle (contrat passé au lieu de Roy, paroisse de Poulaines).

Il fut père de :

14) α 1° *Pierre,* dont l'article suit ;

14) α 2° *Magdeleine,* vivait encore le 11 février 1721, date où elle assista au contrat de son neveu *Jean*-Baptiste, avec Anne de Rachepelle (1) ;

14) β 3° *Charles,* baptisé à Sainte-Colombe le 8 juin 1674, mort jeune (2) ;

14) β 4° *Charles,* auteur du rameau des Sainsons, qui est rapporté plus loin, chapitre V.

XIV

PIERRE V LEJAY (3), écuyer, seigneur de Bretagne, épousa, par contrat du 5 novembre 1690 (Abeau, notaire à Saint-Germain, en Poitou) demoiselle Marie Guyot d'Asnières, fille de feu Louis Guyot d'Asnières (4), écuyer, seigneur de la Pérelle, et de défunte Magdeleine de Lanet (5), demeurant à la Verrerie des Forges, paroisse d'Asnières, ladite future assistée au contrat, passé au bourg du Radon, près Saint-Barban en Poitou, de Marc Guyot, écuyer, seigneur des Touches, paroisse de Baudres, et de François Guyot, écuyer, seigneur de la Rivière, ses cousins germains. Elle était déjà morte en 1721.

Il en avait eu :

15) *Jean*-Baptiste, dont l'article suit.

XV

JEAN VI LEJAY DE BELLEFOND (6), écuyer, seigneur de Bretagne, de Bellefond, des Bordes et de la Grandmaison, né en 1693 à Saint-Florentin, et baptisé en la paroisse de Saint-

(1) *Arch. Vilvassol,* D 1.
(2) *Dossiers Bleus,* p. 3.
(3) Pour cet art.: *Arch. Vilvassol,* A 2, C 2, D 1.
(4) Poitou, Berry : *D'or à trois perroquets de sinople.*
(5) Berri : *De gueules au taureau d'argent, onglé et accorné d'or.*
(6) Pour cet art.: *Arch. Vilvassol,* A 2, D 1 à 8, E 13.

Barban, au diocèse de Poitiers ; il résida principalement aux Bordes, il vivait encore en 1745, et était déjà mort en 1751. Il hérita le 19 décembre 1735 de la Grandmaison.

Il fut marié, par contrat du 11 février 1721 (Guérard, not. à Buzançais) avec demoiselle Anne de Rachepelle, fille de défunt Pierre de Rachepelle (1), écuyer, seigneur des Bordes, et de demoiselle Catherine de Berthelot (d'une famille de trésoriers de France). Au contrat le futur était assisté de Charles Lejay, écuyer, seigneur des Sainsons, son oncle, Magdeleine Lejay, et Françoise Brunet, ses tantes ; Charles Lejay, écuyer, coseigneur des Sainsons, son cousin germain, et de Jacques Fouquet de Courcelles, curé de Saint-Pierre-de-Lamps, son cousin.

La future était assistée de sa mère, de Hyacinthe de Rachepelle, écuyer, seigneur de la Fagueterie, et Charles de Rachepelle, écuyer, seigneur de la Grandmaison, ses oncles, et aussi de Hyacinthe de Chollé, écuyer, seigneur de la Joubardière et Charles de Rachepelle, écuyer, seigneur de l'Espine-Foveau, cousins germains, de Jacques Fouquet de Courcelles, curé de Saint-Pierre-de-Lamps, cousin issu de germain, de demoiselle Marie-Anne Berthelot et dame Angélique de Lanty de Rachepelle, tantes, de demoiselle Catherine de Lanty, et de Dominique Dupont, écuyer, seigneur de Maisonfort, ami (2).

De ce mariage sont nés :

16) 1° *Jean*, dont l'article suit ;

16) 2° *Louis*, curé de Gournay, près Argenton, en 1789, se retira aux Bordes, il y vivait encore en l'an X et était mort en 1810 (3) ;

16) 3° *François*, écuyer, seigneur de Bellefond, colonel de cavalerie, chevalier de Saint-Louis, né et décédé à Saint-Pierre-de-Lamps, à la Grandmaison, 4 mai 1738-21 avril 1822.

Il était étudiant lorsqu'il s'engagea, le 1er mai 1758, dans le

(1) Berri : *D'azur à un lion et un griffon affrontés, tenant ensemble une pelle d'argent, et au chef crénelé d'argent et maçonné de sable.*

(2) Parmi les signatures, en outre : Menou et Villemor.

(3) *Arch. Vilvassol*, D 7, F 4 et 7, G 20, M 2.

régiment de Beauvilliers — cavalerie ; cornette le 23 mai 1761, il passa en 1762 au régiment de Commissaire général, fut promu lieutenant dans le régiment d'Abbeville le 28 mars 1766 et quitta le service six mois plus tard. Le 12 mars 1769 il fut admis comme gendarme dans la maison du Roi, compagnie des gendarmes d'Artois ; il redevint lieutenant au Commissaire général, 1er juin 1772, puis fut promu lieutenant en premier, le 28 août 1779, capitaine le 15 septembre 1791, chef d'escadrons le 27 mai 1792, colonel le 19 août 1793. Son régiment était devenu le 3e de cavalerie, aujourd'hui 3e cuirassiers. Il avait fait la campagne de Hanovre, 1759-61 et les premières guerres de la Révolution, à l'armée du Rhin, puis à celle de Sambre-et-Meuse.

On possède une partie de sa correspondance militaire qui permet de voir combien il s'occupait de son régiment, jusque dans les détails. Le 23 avril 1794 il obtint sa mise à la retraite, il n'avait que 55 ans d'âge, et 35 ans de service, il aurait pu rester dans l'armée, et serait devenu général à brève échéance, mais l'époque était troublée et la situation des officiers était devenue intolérable. Devenus suspects, espionnés et dénoncés par les représentants qui suivaient les armées, ils étaient fréquemment destitués ou conduits à l'échafaud. Le général Dillon, son prédécesseur au 3e de cavalerie, avait été massacré dans une émeute. Aussi le colonel de Bellefond demanda-t-il sa retraite. Bouchotte, ministre de la guerre, qui lui avait signé son brevet de colonel, lui dit en lui annonçant sa mise à la retraite : « *Tu t'en vas, c'est moi qui voudrais bien être à ta place.* » En effet, quoique ministre et sans prétexte valable ; il fut incarcéré trois mois plus tard, et ne dût la vie qu'à des circonstances imprévues.

Le colonel François de Bellefond se retira à Buzançais, où il vécut le reste de ses jours, pendant vingt-huit ans, sauf en l'an X où il habita les Bordes, et en 1822, où il retourna mourir à l'endroit qui l'avait vu naître (1).

(1) *Arch. Vilvassol,* F 1 et F 11, G 2 et 20, O 1 (La correspondance militaire est sous la cote F 1). — MAUMENÉ, *Histoire du 3e régiment de cuirassiers, ci-devant de Commissaire général,* Paris 1893, in-4°, p. 211 et seq.

16) 4° *Joseph*, auteur de la branche cadette de Bellefond, rapportée au chapitre IV ;

16) 5° *Marie-Anne*, née le 12 mars 1755, demeurant aux Bordes jusqu'en 1809, puis ensuite à la Grandmaison, où elle est décédée le 10 août 1819 (1) ;

16) 6° *Marie-Solange*, née avant 1741, vécut aux Bordes, et est morte entre l'an IV et l'an X (2).

XVI

JEAN VII LEJAY DE BELLEFOND (3), écuyer, seigneur de Bellefond, des Bordes et de la Grandmaison, mort entre 1766 et 1780. Il épousa, par contrat du 11 janvier 1751, demoiselle Marguerite Matheron de Lestang, fille de feu François Matheron (4), seigneur de Lestang, et de demoiselle Catherine de Boislinard (5). Il était assisté à ce mariage de Charles de Rachepelle, écuyer, seigneur de la Grange-Berton, paroisse de Chitray, son cousin issu de germain ; du côté de la future signèrent : Silvain Bonnet, sieur de la Couture, ancien officier d'infanterie, second mari de Catherine de Boislinard, François Matheron de Lestang, frère de la future, Louis Lescot de la Millanderie, conseiller du roi, juge prévôt de Saint-Gaultier, oncle maternel à cause de sa femme, le susdit sieur de Rachepelle, de même, maître Jean Matheron, notaire royal, cousin germain, et Pierre Peyrot, sieur de Gentillet, l'un des cent gentilshommes de la Maison du Roi, cousin.

Marguerite Matheron de Lestang vivait encore en l'an IX, elle avait eu comme enfants :

17) 1° *Louis*-Madeleine, qui suit ;

17) 2° *Charles* } morts sans alliance ;
17) 3° *Joseph* }

(1) *Arch. Vilvassol*, D 7, F 3 à F 9, G 20

(2) *Arch. Vilvassol*, D 7, F 3 et 4.

(3) Pour cet art. : *Arch. Vilvassol*, D 6 à 8, E 14, F 2, G 1.

(4) Berri : *D'azur à 3 voiles de vaisseau, enflées d'or.*

(5) Berri et Poitou : *D'argent au vergne de sinople, et à la bordure engrêlée de gueules.*

17) 4° *Casimir*, écuyer, seigneur de Bellefond, lieutenant de chevau-légers dans le régiment de Commissaire général, 1775-1790, mort vers 1790 (1);

17) 5° *Catherine*, née le 10 mai 1754, décédée à la Grand-maison le 15 décembre 1825 (2);

17) 6° *Louise-Emilie*; elle épousa le 20 octobre 1800 Louis-Sulpice de Mazières (3) de Chambon, baron de Mauléon de Mazières, ancien seigneur de Chambon et de la Petite-Villeneuve, électeur de la noblesse de Blaisois aux Etats généraux de 1789, maire de Balzesme puis de Baudres, fils de Louis IV de Mazières, chevalier, seigneur de Chambon, de Balzesme, des Varennes, de Villeneuve et du Buisson, et de Marguerite-Ursule Lejay du Buisson; il mourut à Chambon (Baudres-Balzesme) le 26 juillet 1821. Louise-Emilie est morte sans enfants au même lieu le 21 novembre 1847 (4);

17) 7° *Marie-Marguerite*, née le 12 octobre 1769, fixée d'abord à Beaupréau (Maine-et-Loire), puis, fort longtemps, à Bourges, rue des Cordeliers, où elle est morte le 23 juin 1826 (5).

XVII

LOUIS-MADELEINE LEJAY DE BELLEFOND (6), écuyer, seigneur de Bellefond, imposé au rôle comme ci-devant noble, 22 avril 1791; incorporé au début de la Révolution au 9ᵉ hussards, mais renvoyé le 22 germinal an II comme « ne pouvant servir dans les armées de la République comme noble », maire de Saint-Pierre-de-Lamps de 1802 jusqu'à sa mort, décédé audit lieu le 10 juin 1845.

Il épousa demoiselle Alexandrine-Philippine Grajon, fille

(1) *Hist. du 3ᵉ cuirassiers*, cit., p. 177 à 179. — SAINT-ALLAIS, *art. cité*.
(2) *Arch. Vilvassol*, F 4, 11, 15, G 2, 6, 7, 14, 16, 18, 22, H 29.
(3) Poitou, Berri, Marche, Gascogne, etc : *De gueules au lion d'or*.
(4) *Arch. Vilvassol*, F 4, 11 à 14, G 2, 4, 12, 16, 21, 23 à 26, H 28. — LAROQUE ET BARTHÉLEMY, *Catalogue des gentilshommes aux Etats Généraux de* 1789, fasc. Orléanais, p. 14, et *Bibl. Blois*, procès-verbal ms des élections susdites. — H. de Mazières, op. cit., p. 40, 41, 51, 52. — V. également plus loin, p. 41.
(5) *Arch. Vilvassol*, F 4 et 11, G 2, 5, 15 à 17, H 29.
(6) *Arch. Vilvassol*, F 4, F 6, G 1 à G 28, H 1 à H 35, M 3, O 2 et 4.

de Charles Grajon et de Françoise Vassault (de la famille du royaliste de la Vendée de Palluau). Le contrat fut signé à la Moussetière, le 19 prairial an IX (Picard, not., Vic) en présence de : 1° du côté du futur, sa mère, Louise-Emilie, sa sœur, Louis-Sulpice de Mazières, son beau-frère, et Claude de Mazières, son cousin paternel ; 2° du côté de la future par Alexandre-François Godeau de la Houssaye, son parrain, de Marie-Françoise-Henriette, sœur dudit, etc.

Il en eut :

18) 1° *Alexandre*, qui suit;

18) 2° *François*-Louis-Napoléon, né à Saint-Pierre-de-Lamps le 15 juin 1804, mort jeune;

18) 3° *Alexandrine*-Athénaïs-Mélanie, née à Saint-Pierre-de-Lamps le 21 janvier 1808, mariée entre 1821 et 1832 à Vincent-Clément Clérault (1);

18) 4° *François*-Louis-Napoléon, né à Saint-Pierre-de-Lamps le 14 avril 1811, lieutenant au 55e régiment d'infanterie. Il collabora à l'établissement de la carte d'état-major, et obtint à ce sujet des félicitations du ministre de la guerre (1843). Il obtint de nouvelles félicitations ministérielles en 1844 à propos des écoles régimentaires du 55e dont il avait la direction. Il est mort au service en 1845 (2);

18) 5° Louis-Charles-*Casimir*, dont l'article est reporté plus loin ;

18) 6° *Louis*, né à Saint-Pierre-de-Lamps le 22 mars 1819, juge au tribunal de commerce de Châteauroux, premier adjoint à Châteauroux, faisant fonction de maire, marié à Joséphine Lecointe (morte à Châteauroux en janvier 1901), décédé lui-même à Châteauroux en 1899.

XVIII (A)

ALEXANDRE LEJAY DE BELLEFOND, né à Saint-Pierre-de-Lamps le 15 messidor an X (4 juillet 1802), il fut baptisé le 4 octobre suivant, en secret, le culte n'étant pas rétabli ; il

(1) *Arch. Vilvassol*, G. 27 et 28.
(2) *Arch. Vilvassol*, I 2 à 10

eut comme parrain *Alexandre*-François Godeau de la Houssaye, et comme marraine Marie-Françoise-Henriette, sœur du parrain (1).

Il fut percepteur et receveur des contributions directes et des contributions municipales à Buzançais ; il avait épousé Louise-Françoise-*Isaure* Ratier (2), fille de *Jean-Baptiste* Ratier et de *Magdeleine* Pineau, et il mourut à Buzançais le 25 octobre 1847, père de :

19) 1° *Arthur*, dont l'article suit ;

19) 2° *Maurice*, né le 11 janvier 1835, s'engagea à 18 ans, au 74e de ligne, nommé chevalier de la Légion d'honneur le 22 décembre 1854 (à 19 ans) pour faits de guerre ; médaillé de Crimée le 9 novembre 1856 ; il entra ensuite au ministère des finances, mais mourut le 19 décembre 1858 ;

19) 3° *Sarah*, décédée le 28 janvier 1862, en Angleterre ;

19) 4° *Isaure*, mariée à M. Michaud.

XIX (A)

Arthur Lejay de Bellefond, homme de lettres, décédé le 12 octobre 1863, sans avoir été marié ; à sa mort son oncle Casimir devint le chef de la famille.

XVIII (B)

Casimir Lejay de Bellefond, agriculteur distingué né et décédé à Saint-Pierre-de-Lamps (25 juin 1814-14 octobre 1889), maire de Saint-Pierre-de-Lamps, de 1849 à 1884 mari de *Jeanne*-Marie-Eléonore Delaporte (décédée à Saint-Pierre-de-Lamps le 15 août 1894), dont :

19) 1° Jean-Marie-*Charles*, qui suit ;

19) 2° *Jeanne*-Marie-Louise-Juliette, née à Saint-Pierre-de-Lamps le 18 mars 1859, et décédée en 1869 ;

(1) *Arch. Vilvassol*, I 1.

(2) Berri : *D'azur au chevron d'or, accompagné de 3 rats d'argent, les deux du chef contrerampants sur le chevron, et de 3 étoiles de même, sommant chacune un rat.*

XIX (B)

JEAN-MARIE-CHARLES LEJAY DE BELLEFOND, ancien élève de l'école de Grignon, ancien capitaine d'infanterie territoriale, né à Saint-Pierre-de-Lamps le 25 juillet 1854, marié le 20 juillet 1880, à Clion, à Joséphine-Clémentine-Céline Rabier (1). M. de Bellefond habite à Vilvassol, à quelques lieues du berceau de sa famille; il s'est consacré à l'agriculture et tient à honneur de demeurer fidèle au culte des opinions en des souvenirs de ses ancêtres, fidèle à leur devise : « Toujours rester soi-même » De l'union ci-dessus sont nés :

20) 1° *Charles,* décédé à Paris en 1894;

20) 2° *René,* né à Vilvassol, près Buzançais, le 27 janvier 1884;

20) 3° *Louis,* né au même lieu, le 7 septembre 1886.

CHAPITRE IV

BRANCHE CADETTE DE BELLEFOND, EN BERRI ET ORLÉANAIS (2)

XVI

JOSEPH Ier LEJAY DE BELLEFOND (3), écuyer, seigneur de Bellefond, quatrième fils de Jean VI Lejay, écuyer, seigneur de Bretagne et de Bellefond, et d'Anne de Rachepelle, épousa, par contrat du 19 mai 1771 (Lorin, not. Vendôme), demoiselle Marie-Marguerite Thierry, fille de Jacques-Louis Thierry et de Marie-Françoise Loiseau. Il fut contrôleur en chef de la Régie générale avant la Révolution, puis se fixa à Vendôme; il figure sur la liste des électeurs de la noblesse aux États généraux de 1789.

De ce mariage sont issus :

(1) Berri et Touraine : *De gueules à deux pals de vair au chef d'azur chargé de 3 étoiles d'or.*

(2) La généalogie de cette branche a été rédigée principalement d'après SAINT-ALLAIS, *op. cité*, VII, 526 seq., le brouillon de Joseph II de Bellefond (*Arch. Vilvassol*, K 2 à 5), et, pour les dates récentes, d'après les renseignements que m'a donné Mlle Laurence de Bellefond; je n'indique en notes que les sources complémentaires.

(3) *Arch. Vilvassol*, D 7, F 2 et 4, H 25.

17) 1° Marie-*Joseph*-Nicolas, dont l'article suit;

17) 2° *Louis-Casimir*, marié, contrat du 19 mars 1800 (Pasquier et Cheroute, not. Vendôme), à *Marie-Louise*-Victoire Minet dont :

18) 1° Marie-Louise, née le 3 mai 1800;

18) 2° *Louis*-Auguste-Lazare, né le 4 février 1802 ;

17) 3° *Émilie*, mariée à Claude Giraudeau de Lanoue, écuyer, seigneur dudit lieu, ancien officier vendéen, puis receveur particulier des finances à Brioude et chevalier de la Légion d'honneur (1);

17) 4° Émilie-Suzanne-*Adélaïde*, mariée le 29 septembre 1807, à *René*-Jean-Alexandre de Fontenay, écuyer, chevalier de Saint-Louis, qui avait fait toutes les campagnes des armées de Condé, et devint principal du collège de Blois sous la Restauration (2).

XVII

JOSEPH II LEJAY DE BELLEFOND, né à Vendôme le 29 juillet 1772, capitaine de cavalerie, chevalier de Saint-Louis, de la Légion d'honneur, et du Phénix de Hohenlohe, mort à Vendôme. De 1792 à 1801, époque de son licenciement, il servit dans l'armée de Condé, et y reçut deux blessures graves.

Le 31 mars 1814, lors de l'entrée des alliés à Paris, Joseph de Bellefond s'efforça de donner le premier élan dans la capitale : il suivit les souverains coalisés depuis la Porte-Saint-Denis jusqu'aux Champs-Élysées, et se précipita au milieu de leurs états-majors, en criant : « Vive le roi, vivent les Bourbons » et en demandant aux souverains alliés le rétablissement de l'ancienne monarchie. L'empereur Alexandre et le roi de Prusse lui serrèrent les mains à plusieurs reprises et lui répétèrent: « Demandez les Bourbons, demandez-les, vous les aurez, mais il faut les demander. » Fort de cet encouragement il dis-

(1) *Arch. Vilvassol*, F 11. — De ce mariage sont nées : A, Marie, née en 1806, mariée à Th. Lancelot du Lac, garde du corps de Charles X ; B, Adélaïde, née en 1809, mariée à Fréd. Dividis de St-Cosme ; et C. Emilie.

(2) *Arch. Vilvassol*, F 11. — Ce mariage a laissé également une brillante postérité (V. Saint-Allais, etc.).

tribua à l'instant nombre de cocardes blanches, ce qui lui fit courir des risques, et éprouver des vexations de la part des malveillants. Le lendemain et jours suivants il organisa des manifestations imposantes sur la place Louis XV (aujourd'hui place de la Concorde), fit arborer des milliers de cocardes blanches, et promener dans les principaux quartiers le premier drapeau blanc qui y ait paru depuis la Révolution.

Ces faits furent constatés officiellement, et lui valurent la croix de la Légion d'honneur en 1815, et son admission dans la Garde royale. Il se retira ensuite et obtint le poste de directeur des tabacs, à Lille.

Il avait épousé le 7 février 1803, *Anne*-Bonne-Victoire Guérin de Villiers, fille de messire Charles Guérin de Villiers (1), et de Jeanne-Thérèse de Fonteny d'Hélian. Elle est morte à Mantes.

De ce mariage sont issus :

18) 1° *Anne*-Thérèse-Émilie, née le 9 janvier 1805 ;

18) 2° *Joseph*-Charles-Désiré, dont l'article suit ;

18) 3° *Laurent*-Raoul-François, dont l'article suit celui de son frère.

XVIII (A)

Joseph III Lejay de Bellefond, né à Binas (Loir-et-Cher), le 30 juin 1806, élève de l'école royale militaire de La Flèche, puis de Saint-Cyr, dont il sortit le 1er octobre 1827. Il est mort en 1830, lieutenant au 3e de ligne, des suites de blessures contractées à la prise d'Alger ; il avait vingt-quatre ans.

XVIII (B)

Laurent Lejay de Bellefond, né à Mons (département de Jemmapes), le 27 avril 1813, mort à Alger le 20 octobre 1891. Il avait épousé à Coléah (Algérie) le 12 novembre 1868,

(1) Orléanais : *De gueules à trois étoiles d'argent en chef, et au chef d'azur chargé d'un soleil d'or*. Aujourd'hui cette famille porte un coupé, au lieu d'un chef, et des molettes à la place d'étoiles.

Louise-Anne Vouillemont, née à Lyon le 26 septembre 1840, et décédée à Mustapha (Algérie), le 23 octobre 1901, et dont :

19) Aimée-Clotilde-Victoire-*Laurence*, née à Coléah, le 9 décembre 1869.

CHAPITRE V

RAMEAU DES SAINSONS, EN BERRI (1)

XIV

CHARLES Ier LEJAY (2), écuyer, seigneur des Sainsons, fils posthume, de Jean V Lejay, écuyer, seigneur de Bretagne et des Sainsons, et de Jeanne de Patoufleau, baptisé en l'église de Sainte-Colombe le 30 janvier 1676. En 1714, lors de la seconde recherche de la noblesse sous Louis XIV, de concert avec son cousin Louis Lejay, écuyer, seigneur du Buisson, de Bretagne et autres lieux, il produisit ses preuves de noblesse, et fut maintenu, 21 novembre 1716, par ordonnance de Mgr Foullé, marquis de Martangis, intendant de Bourges. A cette époque il habitait Saint-Florentin, près Vatan. En 1715, il fit dresser, d'après ses titres, de concert avec son cousin Jean, écuyer, seigneur de Bellefond, par G. O. Devallois, calligraphe du roi, un arbre généalogique qui subsiste, mais en mauvais état.

Il avait épousé Françoise Brunet de Poday, de Levroux, dont :

15) 1° *Charles*, qui suit ;

15) 2° *François*, écuyer, seigneur des Sainsons, né en 1711, et mort sans enfants (3) ;

15) 3° Trois ou quatre filles (4).

(1) Les Sainsons, paroisse de Sainte-Colombe, appartinrent à Claude de Perrouin, puis à Etienne de Perrouin et à Marie-Louise Clément du Plessis, son épouse, puis à Jacques Boudy, écuyer, seigneur du Puy, et Jeanne de Patoufleau, son épouse (15 juin 1693), enfin aux Lejay. Au XVIIe siècle on trouve la variante La Sainsonnière ; c'est aujourd'hui La Sainsonnerie (*Arch. Indre.* E 301, G 930).

(2) Pour cet art. : *Dossiers Bleus*, 3, 7. — *Arch. Vilvassol*, A 1 et 3, D 1. — *Bibl. Nat.*, brouillon de la maintenue, Ms, f. fr. 32272, p. 152.

(3) *Arch. Vilvassol*, A 3.

(4) *Dossiers Bleus*, 7.

XV

CHARLES II LEJAY, écuyer, seigneur des Sainsons, né en 1700, il épousa Marguerite de Mazières de Chambon, fille de François II de Mazières, écuyer, seigneur de Chambon, de Balzesme et des Varennes, et d'Anne de Lanet (1).

CHAPITRE VI

BRANCHE DU BUISSON, EN BERRI

XII

JEAN LEJAY, écuyer, seigneur de Bretagne, des Ormeaux et des Caves (2), deuxième fils d'Esme Lejay, écuyer, seigneur de Bretagne, et de Catherine de Grasset (3).

Il céda une partie de ses terres à Charles Fournier de Carles de Pradines, seigneur de Romsac (4).

Il épousa successivement :

1° Entre 1623 et le 1er juin 1627, demoiselle Marguerite du Breuil, fille de messire Jean du Breuil (5), écuyer, seigneur dudit lieu et de Verdenay, et de Catherine de Piégu. Cela est établi notamment par le partage de la succession dudit Jean du Breuil entre ses fils et filles, Marc du Breuil, écuyer, seigneur de Lavau et de Verdenay, François Lejay, écuyer, seigneur des Ormeaux, à cause de Marie du Breuil sa femme, et Jean Lejay, écuyer, seigneur de Bretagne, à cause de Marguerite du Breuil, sa femme (V. ci-dessus, chap. II, art. XII, François Lejay) (6) ;

2° Demoiselle Marie Bonnin de Lhérault, fille de défunt messire Pierre Bonnin (7), écuyer, seigneur de Lhérault, pa-

(1) V. plus haut, p. 36, n. 2 et plus bas, p. 40.
(2) Paroisse de Bretagne.
(3) V. plus haut, p. 23.
(4) *Revue du Berry*, 1903, partie hist., p. 157.
(5) V. plus haut, p. 23, n. 5.
(6) *Dossiers Bleus*, p. 1.
(7) Berri : *D'azur à trois trèfles d'or.*

roisse de Sacierges et de Marie de Boisbertrand ; le contrat (Lasaulnière, not. à Châteauroux) fut passé le 6 février 1634, le futur assisté de son père, de Pierre de Laurant, écuyer, seigneur du Marchais, son cousin germain paternel, d'Adrien de Crémille, écuyer, seigneur de la Coëfferie, et de Pierre de Piégu, écuyer, seigneur de Bridallou, ses cousins ; la future assistée de sa mère, de Michel Bonnin, écuyer, seigneur de Lhérault, son frère, de Marie de Beaurepaire, sa belle-sœur, de Pierre Garnier, écuyer, seigneur de Lestang, son oncle, et de Françoise de Boisbertrand, épouse dudit, de Guy Bonnin, écuyer, seigneur de Mont, son cousin germain, d'Anne de la Thuille, sa tante (1), de Hubert Thogard, écuyer, seigneur de la Valette, Charlotte de Martel son épouse, Anne et Marie ses filles, de Jean de Courcelles, prieur de Dampierre et curé de Diors, et de Jean de Boisbertrand, tous cousins (2).

Le 11 février 1638, Jean Lejay transigea avec ses frère et sœurs, au sujet du partage des biens de sa mère (Fritte, not. Levroux) (3).

De son second mariage est né :

13) Guy-*Michel*, dont l'article suit.

XIII

MICHEL LEJAY, écuyer, seigneur de Bretagne, de Roy et de la Rollanderie ; le 16 novembre 1669 il maintint sa qualité d'écuyer et fit ses preuves, il habitait alors à la Rollanderie, et à Poulaines en 1707 (4). Il devait posséder une belle bibliothèque, car on a de lui un ex libris dont l'unique exemplaire connu est à la bibliothèque de Saint-Mihiel (5).

(1) En tant qu'épouse de défunt Nicolas Bonnin, écuyer, seigneur de la Riauldrie.
(2) *Dossiers Bleus*, p. 1. — *Arch. Vilvassol*, B 3, J 1-2.
(3) *Dossiers Bleus*, p. 1.
(4) *Arch. Vilvassol*, B 2. — *Soc. Antiq. Centre* XXIV, 227. — *Dossiers Bleus*, B 3. — (Roy, aujourd'hui le Rouet, par de Poulaines, et La Rollanderie, paroisse de Rouvres).
(5) Cet ex libris à 154mm sur 142, il comprend un écu à 3 fasces, un casque grillé orné de lambrequins très fournis, un listel vide au-dessus, au-dessous 2 branches de laurier en sautoir et une banderolle avec l'inscription « EX LIBRIS GUYDONIS MICHAELIS LEIAY ». Je regrette de n'avoir connu qu'après l'impression de la présente notice l'existence de cet ex libris, dont je dois le signalement à la grande obligeance de M. Edm. des Robert.

Il épousa demoiselle Gabrielle de Patoufleau, fille de messire Louis de Patoufleau (1), chevalier, seigneur de Laverdin et de dame Marguerite de Launay. Le contrat fut signé (Pichon, not. Vouillon) le 5 septembre 1660, au lieu seigneurial de Greuille (Sacierges), en présence de : 1° du côté du futur, de son père, de Michel Bonnin, écuyer, seigneur de l'Hérault, son oncle, et de Jean de Boisbertrand, écuyer, seigneur de la Vertrye, son cousin issu de germain ; 2° du côté de la future, dudit sieur de la Vertrye, son oncle, en tant que mari de Jeanne de Launay, sa tante (2).

De ce mariage il eut :

14) 1° *Louis*, dont l'article suit ;

14) 2° *Jean* (3), écuyer, seigneur du Chastellier (par. de Buxeuil), qui épousa demoiselle Sylvine du Rivaux dont :

15) 1° *Louis*, né le 29 et baptisé le 30 octobre 1704, parrain et marraine Louis et Marie Lejay, ses oncle et tante ;

15) 2° *Rose*, marraine à Saint-Florentin, le 16 juillet 1747 de Jeanne-Ursule-*Rose* de Mazières, fille de Louis IV de Mazières, chevalier, seigneur de Chambon, des Varennes, de Villeneuve et du Buisson, et de *Marguerite*-Ursule Lejay du Buisson ;

14) 3° *Marie* (4), marraine le 30 octobre 1704 de son neveu ci-dessus nommé.

XIV

Louis Lejay (5), écuyer, seigneur de Bretagne, du Buisson, de Roy, de Laguette et de Lusson (6) ; il résidait au Buisson ; lors de la seconde recherche de la noblesse sous Louis XIV il fut maintenu dans sa noblesse par Mgr Foullé, marquis de Martangis, intendant de Bourges, le 21 novembre 1716, et l'expédition originale de la maintenue rendue en sa faveur et

(1) Pour les armes, v. p. 25, note 6. Louis de Patoufleau était fils de Prégent de Patoufleau et d'Anne du Lys.

(2) *Dossiers Bleus* p. 5 et 7. — *Arch. Vilvassol* J 2-3.

(3) *Dossiers Bleus* 2, 7. — *Arch. Vilvassol*, J 3. — H. de Mazières, *op. cit.*, p. 41.

(4) *Dossiers Bleus* 2, 7.

(5) *Dossiers Bleus*, 2, 5. — *Arch. Vilvassol* A 2.

(6) Lusson, par. de Fontenay (aujourd'hui Lusseau).

en celle de son cousin Charles Lejay, seigneur des Sainsons, existe aux archives de Vilvassol (1).

Il épousa : 1° dame Anne-Angélique de Thiville, veuve sans enfants de messire Charles de Françoys, chevalier, seigneur de Beauvais, de Vilenne et du Buisson. Le contrat fut passé par Agogué, not. à Issoudun, le 21 avril 1708, au bourg de Saint-Aoustrille, au logis où pend pour enseigne le Lion d'or, en présence de Michel Lejay, écuyer, seigneur de Bretagne, son frère, Jean Lejay, écuyer, seigneur du Chastellier, son père, Louis de Voulet, écuyer, seigneur de la Roche d'Anjoin, son cousin maternel, et Marie de Bonafault, épouse dudit(2);

2° Demoiselle Marguerite de Baillou, fille majeure de feu messire Louis-Austremoine de Baillou (3), chevalier, seigneur de la Cholletière (Faverolles), et de Marguerite de Regnard, par contrat passé au lieu de la Verrerie-Saint-Paul (Fr. Ledoux, not. Valençay), le 13 novembre 1710. Le futur était assisté des mêmes personnes que lors de son premier mariage, et la future de Louis du Baillou, écuyer, seigneur de Chanteville, son oncle, de dame Marie de Baillou femme de Jean-Hubert de Puygirault, écuyer, seigneur du Puy, sa tante, de Louis de Constantin, écuyer, seigneur de Langé, et de Jacques de Constantin, écuyer, seigneur du Pin, ses cousins (4).

Il eut de son second mariage :

15) 1° Louis-Marc, né en 1714, mort jeune;

15) 2° Sylvain-Claude, né en 1716, mort jeune;

15) 3° *Marguerite*-Ursule, qui épousa à Balzesme, le 14 juillet 1744, Louis IV de Mazières (5), chevalier, seigneur de Chambon, de Balzesme, des Varennes et de Villeneuve, fils de François II de Mazières, écuyer, capitaine dans la Maison du Roi, seigneur des lieux susdits, et d'Anne de Lanet ; il fut enterré le 9 décembre 1760 à Balzesme, après lui avoir donné, en seize ans, quatorze enfants dont onze vivaient ; les prénoms de Louis, Marc, Sylvain et Claude, avaient été donné à cinq d'en-

(1) *Arch. Vilvassol.* A 1. *Bibl, Nat.* Ms 32272, f. 152.
(2) *Dossiers Bleus*, 5, 7. — *Arch. Vilvassol*, J. 3.
(3) Berri, Touraine : *D'or à trois hures de sanglier de gueules.*
(4) *Dossiers Bleus*, p. 5 et 7.
(5) V. plus haut, p. 3, note 3.

tre eux, en souvenir des frères défunts de Marguerite-Ursule.

Elle fut enterrée à Balzesme le 8 avril 1787, entourée de ses enfants et de tous les prêtres de la région.

Les papiers de cette branche des Lejay, dont Louis V de Mazières, comte de Mauléon de Mazières, hérita, en même temps que des seigneuries du Buisson, Laguette et Lusson, furent alors remis par lui au chef de la famille Lejay de Bellefond, et forment aux Archives de Vilvassol les liasses A, B et E (en grande partie) et J (en totalité) (1).

CHAPITRE VII

BRANCHE DE LORRY (2), EN ORLÉANAIS

III

RAYMOND-PIERRE LEJAY, chevalier, seigneur de Lorry, du Plessis, de la Mauduetière et de Monterin, épousa Jehanne de Crimont. Il tenait en fief, du chef de sa femme, les seigneuries susdites, de Guillaume de Saint-Martin, chevalier, qui fit aveu au duc d'Orléans à cause de Beaugency, le jeudi après la fête du Saint-Sacrement 1372.

De cette union naquit :

4) 1° *Guillaume*, dont l'article suit;

4) 2° *Agnès*.

IV

GUILLAUME Ier LEJAY, écuyer, seigneur de Lorry, du Plessis, de Courbanton et de la Corbillière, épousa en 1404 Marie de La Chastre (3); il donna un reçu de cent sols tournois le lundi après la fête de Saint-Rémi, de l'an 1377.

(1) *Etat civil de Balzesme.* — H. de Mazières, op. cité, p. 38, 40, 41 et seq.

(2) Ce chapitre a été dressé d'après : *Bibl. Nationale, Pièces originales*, tome 1575, d. 36174, p. 7, *Arch. du duché d'Orléans, notes prises par* DOM VILLEVIEILLE, dans son *Trésor Généalogique*, f. fr. 31931. — *Bibl. Orléans*, Ms du chanoine Hubert, tome VIII, p. 177 seq.

(3) Illustre maison ducale que l'on croit issue des princes de Déols, et qui a fourni plusieurs maréchaux de France. Elle portait, *de gueules à la croix ancrée de vair.*

Il fut père de :

5) *Guillaume,* dont l'article suit.

V

GUILLAUME II LEJAY, écuyer, seigneur de Monçay, de la Corbillière, de Courbanton, du Port David et de Chastin (1), qui épousa Jeanne de Couldray. Le 15 août 1425, il relevait directement d'Orléans, à cause de la tour de Beaugency, comme seigneur de la Corbillière. Il est cité encore en 1444 et 1447 ; cette dernière année, en octobre, il fit aveu à Jean, comte de Dunois et seigneur de Beaugency (2).

Il fut père de :

6) 1° *Jean,* dont l'article suit ;

6) 2° *Aignan,* écuyer, seigneur de Courbanton ;

6) 3° *Denis,* vivant en 1479.

VI

JEAN LEJAY, écuyer, seigneur de Monçay, de Saint-Ay et de Grimont. Le 10 janvier 1462 il fit aveu de Grimont à P. de Villereau, et il vendit une rente de 22 écus d'or sur Monçay (3).

CHAPITRE VIII

BRANCHE D'AVARAY ET DES ASTELAIS, EN ORLÉANAIS ET MAINE

III

GUILLAUME Ier LEJAY, écuyer, seigneur d'Avaray, en Orléanais, élection et à une lieue et demi de Beaugency, et de la Motte, paroisse de Saint-Laurent-des-Eaux, au nord-est de

(1) Chastin, paroisse de Saint-Laurent-des-Eaux. — La Porte-David, près de Dreux.

(2) *Carrés d'Hozier,* t. 354, p. 354.

(3) DOM VILLEVIEILLE, op. cité.

Blois. Le vendredi avant la Purification 1353, tant en son nom personnel qu'au nom de sa femme, il reconnut, ainsi que demoiselle Marie d'Orléans, tenir le fief d'Avaray en fief de Jean Payen, chevalier, seigneur de Montpipeau.

En 1380 il était mort, et laissait notamment dans sa succession des terres relevant de Vierzon (1).

Il épousa successivement :

1° En 1350 *Marie* de Villebresme (2), veuve de messire Philippe Hurault, seigneur de Saint-Denis-sur-Loire (3) ;

2° En 1353, demoiselle Jeanne d'Orléans (4). Cette union resta sans enfants (5).

Il eut de son premier mariage :

4) 1° *Pierre*, qui suit;

4) 2° Plusieurs autres enfants, vivants en 1380, et dont nous ignorons les noms (*Arch. de Chevilly*).

IV

PIERRE LEJAY, Ier de la branche, écuyer, seigneur d'Avaray et de la Motte. Il épousa Odette Duisy (sœur de Geoffroy Duisy, écuyer, seigneur de Repost), elle mourut avant le 2 juillet 1455 (6).

De cette union naquirent :

5) 1° *Jean*, dont l'article suit;

5) 2° *François*, dont l'article suit celui de son frère ;

5) 3° *Bertrand*, écuyer, seigneur du Bois. Il était mineur le 2 juillet 1455, date où Pierre Lejay, son père, transigea en son nom avec Geoffroy Duisy, écuyer, seigneur de Repost, Vincent Prévost, écuyer, seigneur de Vatrou, et Adenette Duisy, sa femme, à cause d'une rente de 10 écus d'or et de

(1) N[au] *d'Hozier*, t. 193, d. 4292 f° 16. — *Archives du duché d'Orléans, Livre des fiefs du duc Philippe*, f° 49 v°, d'après DOM VILLEVIELLE, *f. fr.* 31931. — *Arch. de Chevilly*. — *Bibl. Orléans*, Ms du chanoine Hubert, VII, 177.

(2) Orléanais : *D'or à l'amphistère* (serpent ailé) *de gueules*.

(3) N[au] *d'Hozier*, f° cité. — P. ANSELME, *op. cité*, tome VI, p. 501.

(4) Orléanais et Berri : *Burelé d'argent et de sinople de 6 pièces, l'argent chargé de 6 tourteaux de gueules*, 3, 2 et 1.

(5) N[au] *D'Hozier*, f° cité.

(6) N[au] *d'Hozier*, id. — *Carrés d'Hozier*, t. 354, p. 355.

terres à Germiny qui lui venaient de sa mère (1). Le lundi de Pâques 9 avril 1462, il était encore mineur, et son père donna à bail des terres situées paroisse de Sceaux-en-Gâtinais, du nom de son fils (2).

Il épousa Marguerite Millace avant le 13 mai 1483, date où, de concert avec elle, il vendit une rente sise sur le Hautbois (Villemoustier). En 1483 et 1486 nous avons encore des ventes de lui. Enfin le 24 février 1486 il passa accord avec Roland Prévost, écuyer, seigneur de Vatrou-en-Gâtinais, au sujet de biens ayant appartenu à Adenette Duisy, mère dudit Roland (3).

V (A)

JEAN LEJAY, Ier de la branche, écuyer, seigneur d'Avaray. Il eut plusieurs enfants, dont *Catherine,* qui épousa, contrat du 30 avril 1469 (Rafeneau, not. à Lussai), Noël de Meaune (4), écuyer, seigneur des Fourneaux, en Anjou (5).

V (B)

FRANÇOIS LEJAY, Ier de la branche, écuyer, seigneur de la Motte, il vivait à Blois en 1447. Son alliance est inconnue, et il fut père de :

6) *Guillaume,* dont l'article suit (6).

VI

GUILLAUME II LEJAY, officier, fit les guerres de l'époque et s'établit à Laval, au pays du Maine. Il vivait encore le 19 octobre 1516, et fut père de :

(1) Richard, tabellion à Châteauneuf-sur-Loire, d'après *Carrés d'Hozier*, t. 354, p. 355.

(2) NAUDET, id., d'après *Carrés d'Hozier*, 354, 356.

(3) Pour tous ces actes : Fournier, tab., Fleury-sur-Loire. — *Carrés d'Hozier*, tome 354, p. 357 à 360.

(4) Anjou : *D'argent à neuf fusées de gueules, accolées en bande, et accompagnées d'un orle de 6 fleurs de lys de sable.*

(5) *Nau d'Hozier*, f° cit. — *Carrés d'Hozier*, 1. 354, p. 365.

(6) *Nau d'Hozier*, f° cit.

7) *Pierre*, qui suit (1).

VII

PIERRE II LEJAY, seigneur de la Gaudesche, marié en 1542 à Roberte Loriot, dame dudit bien de la Gaudesche, et mort en 1547, la laissant mère de :

8) *René*, dont l'article suit (2).

VIII

RENÉ LEJAY, écuyer, seigneur des Astelais, né le 1er septembre 1554, il épousa demoiselle Gangère, dame des Astelais, dont il eut :

9) *Jean*, dont l'article suit (3).

IX

JEAN II LEJAY, écuyer, seigneur des Astelais et de la Motte, baptisé à la Sainte-Trinité de Laval en 1580 ; il devint conseiller du roi au bailliage de Laval, et épousa Renée Le Meignan, dont il eut :

10) *François*, qui suit.

X

FRANÇOIS II LEJAY, écuyer, seigneur des Astelais, époux de Marie de la Cour (4), qu'il laissa veuve, en mourant à 30 ans, père de :

11) *François*, dont l'article suit.

XI

FRANÇOIS III LEJAY, écuyer, seigneur des Astelais, né en septembre 1656, mort le 28 octobre 1709. Il fut lieutenant particulier au siège de Laval ; il avait épousé Françoise Frain (5), dame de la Chauvinière, des Frain de la Villegontier. Il en eut :

(1) et (2) *Nau d'Hozier*, fo cit.

(3) Pour cet art. et les suivants, *Nau d'Hozier*, dossier cité.

(4) Berri, Orléanais : *D'azur à trois tours d'or.*

(5) Bretagne, Maine : *D'azur au chevron d'argent, accompagné en chef de deux têtes de bœuf d'or, et en pointe d'un croissant de même.*

12) 1° *François,* qui suit ;

12) 2° *Ambroise,* chanoine de Saint-Thugal de Laval ;

12) 3° *Jean,* écuyer, seigneur du Chesne, qui fut père de :

13) *Joseph,* chanoine de Saint-Thugal de Laval ;

12) 4° *Joseph,* écuyer, seigneurdu Coudray, administrateur de l'hôpital général de Saint-Louis de Laval, né le 12 avril 1699, mort le 5 janvier 1773. Il avait épousé Marie-Renée-Louise de la Porte (1), dame du Boismorin et de la Fuye, née en 1698, décédée en 1766, dont il eut :

13) 1° Joseph-François-Charles, chanoine régulier de Sainte-Geneviève, mort en 1755 ;

13) 2° *Jean-Baptiste,* mort sans postérité en 1759 ;

13) 3° François-Charles, écuyer, seigneur du Boismorin et de la Fuye.

XII

François IV Lejay, écuyer, seigneur des Astelais, né en 1686, mort en 1760. Il fut lieutenant particulier au siège de Laval.

Il eut comme enfants :

13) 1° *François*-Ambroise, qui suit ;

13) 2° *Marie-Thérèse*-Françoise, née le 23 février 1740, qui épousa Louis-Jean-Benjamin de Launay (2), mousquetaire ;

13) 3° *Françoise*-Jeanne, qui épousa Jean de la Haye (3), chevalier, seigneur de Bellegarde, ancien page de la reine Marie Leczinska.

XIII

François V Lejay, écuyer, seigneur des Astelais, garde du corps, chevalier de Saint-Louis, qui mourut sans alliance en mai 1782.

Vicomte Henri de Mazières-Mauléon.

(1) Périgord, Saintonge, Poitou et Maine ; *D'azur, à la fasce componnée d'or et de gueules de 4 pièces, accompagnée de 2 loups passants d'or l'un en chef, l'autre en pointe.*

(2) Berri, Maine, Anjou : *D'argent à un aune de sinople accosté de deux aigles de sable.*

(3) Anjou : *De gueules, à la croix tréflée d'hermine.*

TABLE ONOMASTIQUE SOMMAIRE DES FAMILLES CITÉES

H. M. M.

www.ingramcontent.com/pod-product-compliance
Lightning Source LLC
LaVergne TN
LVHW010104230826
846091LV00005B/2087